AF201310

Verhaltensauffällig

Die ungesehenen Ängste bei Kindern und die daraus entstehenden Verhaltensauffälligkeiten

„Probleme kann man niemals mit derselben Denkweise lösen, durch die sie entstanden sind."

Albert Einstein

Impressum

1. Auflage im Mai 2017   **ISBN:** 978-3-7448-3397-4

Autor: © **2017 Katja Weidemann**
Katja Weidemann
Lütticher Str. 281b   **Design Cover & Layout:**
52074 Aachen   programics, Aachen

Herstellung und Verlag:
BoD – Book on Demand, Norderstedt

Inhaltsangabe

5

Die ungesehene Angst bei Kindern

Inwieweit beeinflussen Ängste und psychische Konflikte das vegetative Nervensystem? Inwiefern beeinflusst der Darm das psychische Allgemeinbefinden des Kindes oder löst Erkrankungen aus? Und in welchem Maße ist unser Gesellschaftssystem und unser Verständnis von Bildung und Erziehung an diesen Folgen beteiligt oder gar dafür verantwortlich? Können ungesehene Ängste als Ursache für Verhaltensauffälligkeiten bei Kindern aufgedeckt und gelöst werden?

Unangenehme Ereignisse, starke Eindrücke, Belastendes oder Unverstandenes können bei Kindern Spuren hinterlassen, die sich über Stress im vegetativen Nervensystem und als körperliche Beschwerden früher oder später bemerkbar machen, auch in der Schule. So wirken physische und seelische Verletzungen bei Kindern, wie bei allen Menschen, auf Körper, Geist, Psyche und Emotionen. Emotionale Verletzungen sind wie „Wunden, die von außen niemand sieht". Oftmals werden diese Situationen erst später bewusst verstanden, sind jedoch im Unterbewusstsein gespeichert und werden durch ähnliche traumatische Situationen unbewusst restimuliert. So tragen viele Kinder mehr unverarbeitete Gefühle in sich als sie verkraften oder verarbeiten können.

Es gibt vier Bausteine, auf denen das Kinderkonzept „Wunden heilen, die von außen niemand sieht" aufgebaut ist:

» Ängste lösen
» seelische Konflikte erkennen und behandeln
» das Immunsystem stärken (das vornehmlich im Darm zu Hause ist)
» die Ernährung umstellen, entsprechend der Bedürfnisse des Körpers, um die Entzündung im Darm ausheilen zu lassen

Anhand dieses Konzepts kann ein Kind mit einem gestörten vegetativen Nervensystem wieder in seine Mitte kommen.

Und schließlich kann so die Heilung erfolgen, weil das Kinderkonzept ganzheitlich behandelt und dabei Körper, Geist, Psyche und Emotionen miteinbezieht.

„

Wir Erwachsenen machen uns oft keine Vorstellung vom Erleben der Kinder und ihrem Umgang mit Ängsten. So würden wir uns wundern, welche tiefen Ängste in Kindern schlummern und welche Lösungsstrategien sie aus ihrem kindlichen Erleben und ihrer Hilflosigkeit oder Not entwickeln. Mit diesem Buch werden Sie dafür sensibilisiert, Ihr Kind tiefer zu verstehen und die notwendige Heilung, auch durch fachliche Unterstützung, für Ihr Kind möglich zu machen.

„

Weshalb ich die Angst der Kinder so gut wahrnehmen kann

An einem Dienstagmorgen erblickte ich das Licht der Welt und ich sollte Manfred heißen. Es gab da jedoch ein Problem: Ich war kein Junge und ich kam auch nicht allein auf die Welt. Ich brachte mir meine Zwillingsschwester mit.

Bei ihr und meiner Mutter konnte ich nicht lange bleiben, denn man brachte mich in die Kinderklinik, weil ich zu klein und zu dünn war und Anpassungsstörungen hatte.

Dort wurde ich, gerade einmal 36 Wochen alt, als hypotrophes Mangelzwillingsgeborenes mit 2000 g in ein Wärmebettchen gelegt und die nächsten Wochen versorgt. So lernte ich nicht als erstes die Liebe meiner Mutter und meines Vaters kennen, sondern die Angst.

Die Kinderklinik mit anderen Augen betrachtet

Vor 50 Jahren gab es noch keine offenen Besuchszeiten für Kinder wie wir sie heute kennen. Damals wurden die Kinder in der Kinderklinik den Eltern nur von der anderen Seite der Scheibe gezeigt, wenn sie sie besuchen wollten. Ich wurde als Baby gefüttert, gewickelt und in ein Bettchen gepackt. Aber ich war zutiefst einsam und alleine, es fehlten mir meine Mutter und meine Zwillingsschwester. Hierdurch entstand das erste große Trauma in meinem Leben.

Ich hatte das Glück, denn ich bekam als erwachsene Frau Zugriff auf meine Baby-Akte und konnte nun mit eigenen Augen sehen und nachlesen, wie viel Panik ich damals hatte: Ich wurde vor lauter Schreien sediert und setzte angstbedingt viel Stuhlgang ab. Dadurch erhielt mein Darm seine erste Störung.

Später im Kleinkindalter und in der Grundschule hatte ich mehr Furcht als meine Zwillingsschwester, da mir das Urvertrauen fehlte und ich mir dieses erst erarbeiten musste.

Meine Mutter erzählte mir immer, dass ich nicht in den Kindergarten wollte, der bei uns zu Hause direkt um die Ecke war, und dass ich auch nicht bereit war zu bleiben, wenn sie meine Schwester und mich morgens hinbrachte.

Oft schrie ich so lange, bis eine Kindergärtnerin mich nach Hause brachte. Und auch bei der Einschulung ließ ich meine Mutter nicht los.

Immer wieder meldete sich die Angst in meinem Leben. Doch niemand erkannte sie als solche.

Als ich 11 Jahre alt war, beschloss ich, Säuglingsschwester zu werden. Meine Beweggründe, weshalb und warum ich Kinderkrankenschwester werden wollte, waren mir damals noch nicht bewusst. Zu der Erkenntnis sollte ich erst Jahre später gelangen. Ich wusste zu diesem Zeitpunkt nur eines: **Ich wollte den kleinen Babys helfen und für sie da sein.**

Mein beruflicher Werdegang und meine Erkenntnisse daraus

So begann ich am 1. April 1985 meine Ausbildung zur Kinderkrankenschwester im Aachener Klinikum. Ich selbst war eines der Kinder in der Kinderklinik gewesen, die ich nun versorgen durfte. Und immer wieder begegnete mir bei den Kindern diese Angst, für die ich in höchstem Maße sensibel war und die ich so gut verstand.

Nach der Ausbildung zur Kinderkrankenschwester ging ich nach Heidelberg an die Uniklinik auf die Kinderintensivstation. Dort wurde ich zur Fachschwester für Kinderheilkunde und Intensivmedizin ausgebildet.

Es war eine wertvolle Zeit, in der mich das Leben sehr prägte. Ich gehörte mit zum Reanimationsteam der Kinderklinik, machte Erstversorgungen mit den Ärzten in den Geburtskliniken. Holte die Kinder nach großen Herzoperationen beatmet mit dem ärztlichen Team ab und flog auch mit dem Hubschrauber und mit dem Flugzeug Einsätze. Sogar nach Boston/Amerika ging es einmal, um dort mit dem Oberarzt ein beatmetes Kind abzuholen.

Ich versorgte Kinder, die an die Beatmungsmaschine und mehr als 10 Perfusoren angeschlossen waren. Oft kam noch eine Dialyse hinzu. Das erforderte meinerseits jedes Mal hohe Konzentration und einen klaren Kopf. Ich sah viel Schmerz und Leid bei den Kindern und deren Eltern.

Es ist nicht nur das Kind, das man betreut. Man begleitet auch die Eltern in ihrer Angst und Sorge um ihr Kind und kommt ihnen dabei sehr nah. Das Pflegepersonal ist für die Eltern eine wichtige emotionale Stütze, die sie in ihrer Not auch dringend brauchen. Überall auf den Stationen bei diesen Kindern und ihren Eltern war die Angst ständiger Begleiter, vor allem bei den kleinen Patienten. Niemand kümmerte sich jedoch bewusst um diese Angst, um Spätschäden zu lindern oder gar zu vermeiden. Stattdessen sah man hier in erster Linie den Schmerz und die Erkrankung, was unter den Umständen normal und in gewisser Weise auch verständlich war. Denn dem Schmerz und der Erkrankung kam auf der Intensivstation nun einmal die höchste Priorität zu. Um alles Weitere konnte man sich zu einem späteren Zeitpunkt kümmern.

Das annehmen, was ist

Ich lernte, beobachtete, sah und hörte den Kindern zu. Auch durfte ich in der Leitungsfunktion am Aufbau der neuen kinderkardiologischen Intensivstation in Heidelberg an der Universitäts-Kinderklinik mitwirken, sie führen und leiten.

Es gab in meinem Leben zu dieser Zeit nur noch schwerstkranke Kinder und den Tod. Es gehörte mit zu meiner Aufgabe, die verstorbenen Kinder in die Leichenhalle zu bringen. Es war so schwer, als junge Schwester ein Baby, das man lange Zeit versorgt und lieb gewonnen hatte, in ein Handtuch zu wickeln, dann in eine Decke zu legen, damit niemand den leblosen Körper sah, und auf dem Arm von der Station zu tragen. Um anschließend mit dem Kind alleine im Aufzug zu stehen, den kleinen, kalten Körper im Arm zu halten und ihn dann in der Leichenhalle abzulegen und in ein kleines Kühlfach zu schieben. Dies waren mit die schwersten Momente in meinem Leben. Ich hatte diese Kinder lieb gewonnen. Ich wollte ihnen doch helfen, wollte, dass sie gesund werden. Aber das war nicht geschehen.

So streichelte ich jedem toten Kind in der Leichenhalle noch einmal über das kleine, kalte Gesicht und versprach dabei diesen Kindern, die ich im Tod begleitete, für sie mit weiterzuleben. Ich beschloss, bewusst und intensiv zu Leben und an meiner Vision festzuhalten, Kindern zu helfen und mich um ihre Angst zu kümmern. Ich wollte bei ihnen sein und sie dabei unterstützen, die Angst aufzulösen und ihre Symptome so zu lindern, dass es ihnen im Laufe ihres Genesungsprozesses besser ginge und sie nicht aufgeben würden. Eines Tages würde ich den Kindern mit meiner eigenen Vorstellung von Therapie helfen können.

Das Pflegepersonal im Krankenhaus

Es ist mir sehr wichtig, an dieser Stelle meinen großen Respekt und meine Wertschätzung für alle Kollegen und Kolleginnen in der Klinik auszudrücken

– für alles, was sie für die Kinder tun. Es wird ihnen viel zu wenig gedankt. Die Eltern und Angehörigen können es in diesen schweren Momenten einfach nicht, da ihre Angst um ihr Kind zu groß ist und sie selbst in ihrem Leid gefangen sind. Kaum einer jedoch sieht den Schmerz des Pflegepersonals, den auch sie für die Kinder empfinden, wenn sie Tag und Nacht an deren Bettchen stehen, und den sie oft mit nach Hause nehmen. Denn das Leid der Kinder und deren Eltern müssen auch sie erst einmal verarbeiten und oft in schlaflosen Nächten durchleben. Um dann am nächsten Morgen wieder mit neuem Mut, klarem Geist und offenem Herzen für die kleinen Wesen und die Eltern da zu sein. Nur wenige Menschen sehen die Sorge und Angst des Pflegepersonals um diese Kinder. Und irgendwann müssen die Pflegekräfte es zuwege bringen, diese Angst nicht mehr zu fühlen, um nicht selber dabei unterzugehen und ihre Arbeit mit allen Konsequenzen verkraften und ausführen zu können. Sie müssen auch weiterhin auf den Stationen ihre Arbeit machen, da sie dort in ihrer Funktion und mit ihrem ganzen Wissen und Können gebraucht werden.

Als ich es nicht mehr übers Herz brachte, die verstorbenen Kinder in die Leichenhalle zu bringen, beschloss ich, mich von der Intensivmedizin zu verabschieden. Ich wechselte in den Rehabilitationsbereich, um etwas Neues zu lernen und weiter meinem Weg zu folgen. Denn schließlich hatte ich doch tief in mir noch meine Vision.

Die Zeit nach der Kinder- intensivmedizin

Ich übernahm als Stationsleitung ein Haus für an Asthma und Neurodermitis erkrankte Kinder, absolvierte die Ausbildung zur Neurodermitis-Trainerin und baute auf Norderney im Seehospiz zusammen mit dem Oberarzt und der Schulschwester eine Neurodermitis-Schulung auf.

Dort schulte ich die Kinder und ihre Eltern und lernte selbst eine Menge über Allergien. Aber auch in dieser Funktion begegnete mir wieder die Angst der chronisch kranken Kinder. Hier ging es nicht um die Angst, nicht zu überleben, sondern um die Angst, den Alltag nicht bewältigen zu können. Erneut spürte ich den tiefen Wunsch, den Kindern helfen zu wollen. Und doch kam ich meiner Vision nicht näher. Also beschloss ich, meinem Wunsch zu folgen und in der Zukunft etwas Eigenständiges aufzubauen, meine eigene Praxis als Heilpraktikerin, in der ich selbstständig und eigenverantwortlich nach meiner Vorstellung arbeiten könnte. Denn mir fehlten in der Schulmedizin immer noch einige Aspekte und Anteile, wenn es um die Angst und die Psyche bzw. Seele der Kinder ging. So lernte ich weiter, verließ die Insel und ging wieder zurück in die Kinderklinik nach Aachen, dieses Mal als Kinderkrankenschwester auf die Kleinkinderstation im Aachener Klinikum.

Dort blieb ich jedoch nicht lange, denn ich trat die Ausbildung zur Heilpraktikerin an, um in der Komplementärmedizin Antworten auf meine zahlreichen offenen Fragen zu finden.

Ich wechselte als Krankenschwester zu den erwachsenen Patienten in die Allgemeinmedizin, um dort weiter zu lernen. Für die Ausbildung zur Heilpraktikerin sammelte ich viele hilfreiche Erfahrungen. Ich konnte die Krankheiten aus dem Lehrbuch in der Praxis studieren, sie versorgen, sie diagnostizieren und einschätzen lernen.

Dadurch bin ich mir bis heute meiner Grenzen als Heilpraktikerin deutlich bewusst und weiß, wann ich einen Arzt hinzuziehen muss oder den Patienten sogar ins Krankenhaus zu bringen habe.

Das ist meine Verantwortung und Verpflichtung den Menschen gegenüber, die heute zu mir kommen.

Erwachsenenmedizin und zurück auf die Intensivstation

Ich wechselte also von der Kinderklinik in das Franziskuskrankenhaus. Es ist das kleinste Krankenhaus in Aachen. Dort werden hauptsächlich Erwachsene und einige Kinder nach Plexus-Operationen versorgt. Ich blieb nicht lange in der Allgemeinmedizin auf Station: Man holte mich wegen meiner Vita erneut auf die Intensivstation, um die Kinder nach Operationen zu versorgen.

So war ich also wieder bei meinen Kindern und lernte zusätzlich alles über die Erwachsenenmedizin, während ich die Erwachsenen bei meinem Dienst auf der Intensivstation versorgte. Auf der Station erhielt ich die beste Hilfestellung durch die Menschen, mit denen ich zusammenarbeitete und die mich schulten. Auch ihnen gehört mein großer Dank für das, was ich heute weiß und kann.

Acht Jahre blieb ich nochmals in der Intensivmedizin, reduzierte aber meine Stelle auf 50 % und baute nebenbei meine Naturheilpraxis auf. Ich lernte weiter und machte in dieser Zeit die Ausbildung zum Heilpraktiker für Psychotherapie, zum Aromatherapeuten und lernte außerdem die psychosomatische Energetik kennen und lieben. Bei Dr. Raimar Banis erlernte ich diese Methode und eignete mir das dazugehörige Expertenwissen an.

2008 konzentrierte ich mich dann in Vollzeit auf meine eigene Naturheilpraxis und leistete viel Frauenarbeit, um zu lernen, was das Frausein eigentlich heißt. Denn eine Erfahrung, die ich auf Norderney gemacht hatte, war mir in besonderer Erinnerung geblieben: Immer, wenn es mit der Mutter eines Kindes nicht harmonierte, wir keinen Weg der Zusammenarbeit fanden, war es mir auch nicht möglich, einen Zugang zu dem Kind zu bekommen. Die Tür war für mich verschlossen und ich konnte dem Kind nicht helfen. Ich erkläre mir das so: Durch die Schwangerschaft und die Geburt entsteht zwischen den Frauen und ihren Kindern eine besondere Symbiose, die nicht zu trennen ist. Folglich war es mir wichtig, den Müttern offen und freundlich zu begegnen und einen Zugang zu ihnen zu finden. Allerdings bezog ich bei meiner Arbeit auch den Vater vermehrt in den Wirkungskreis des Kindes mit ein. Denn schließlich nehmen auch die Väter bei den Kindern einen sehr hohen Stellenwert ein.

Ich verfolgte also weiter meinen Weg. In den ersten Jahren behandelte ich hauptsächlich Frauen in meiner Praxis und sammelte viel Erfahrung im Umgang mit Frauen und Müttern.

Nach und nach kamen nun auch Eltern mit ihren Kindern zu mir in die Praxis. Ich beschloss, ein Studium für Naturheilkunde für Kinder zu absolvieren und mich zusätzlich zur Kinderheilpraktikerin ausbilden zu lassen, um mich auf Kinder zu spezialisieren. Denn ich hatte meine Vision, Kindern helfen zu wollen und mich ihrer Angst anzunehmen, sie aufzulösen, nicht vergessen und immer noch fest im Blick.

Die Liebe zu den Kindern

Ich entwickelte also mein eigenes Behandlungskonzept, um den Kindern endlich so helfen zu können, wie ich es mir schon immer gewünscht hatte.

Durch die Arbeit als PSE-Expertin begegnete ich einem sehr kompetenten Hausarzt mit 47 Jahren Berufserfahrung, der in all den Jahren tausende von Kindern behandelt hatte.

Dieser erfahrene, sehr kundige Arzt konnte mir nun endlich Antworten auf alle meine Fragen geben, nach denen ich über die Jahre vergeblich gesucht hatte.

Er lehrte mich viele Dinge, die mir gänzlich neu waren, die aber ungemein wichtig für die Kinder waren.

Seine wichtigste Lektion war: „Katja, schau genau hin: Es ist meistens keine Infektion, sondern eine Inflammation. Und die wenigsten erkennen sie, denn sie sitzt im Darm."

So schickte er mich noch einmal in die Schule, um Darmtherapeutin zu werden. Damit rundete ich nun das Kinderkonzept ab und bin dafür zutiefst dankbar.

Mein eigenes Kinderbehandlungskonzept

Nach vielen Jahren des Lernens vollendete ich endlich mein eigenes Kinderkonzept. Sein Name: „Wunden heilen, die von außen niemand sieht".

Dabei geht es um die Dinge, die ich im Laufe der Jahre beobachtet und gesehen habe, die Zusammenhänge, die ich erkannt hatte und nun zusammenfügte – zu meinem eigenen Behandlungskonzept für Kinder. Indem ich die Angst der Kinder sehe und im ersten Schritt nur diese Angst löse, verschwinden bestimmte Symptome schon von ganz alleine. Die anhand des Krankheitsbildes des Kindes gestellte Diagnose braucht dann eine neue Definition.

Da die Krankheit nicht mehr dieselben Symptome aufweist wie zuvor, stimmt das Krankheitsbild mit der Diagnose nicht mehr überein. Das ist der erste Schritt im Heilungsprozess des Kindes.

Meine wichtigste Erkenntnis ist die, dass es vier Bausteine gibt, auf denen mein Kinderkonzept aufbaut:

» Ängste lösen
» seelische Konflikte erkennen und behandeln
» das Immunsystem stärken (welches im Darm zu Hause ist)
» die Ernährung umstellen, entsprechend der Bedürfnisse des Körpers, um die Entzündung im Darm ausheilen zu lassen

So kann ich ein Kind mit einem gestörten vegetativen Nervensystem wieder gut in seine Mitte bringen.

Hier kann jetzt die Heilung einsetzen, weil ich ganzheitlich behandle und dabei Körper, Geist und Psyche miteinbeziehe.

Noch ein Punkt zu meiner Behandlung

Kinder leben mit in einem Familiensystem. Hier sind sie sowohl dem Einfluss ihrer Eltern als auch eventueller Geschwister ausgesetzt. Kinder können die Gefühle und Emotionen ihrer Eltern sowie deren Stress fühlen und wahrnehmen, weil sie über Gefühle leben und ganz offen und aufnahmebereit sind - aus Liebe, Vertrauen und Offenheit zum Leben.

Das Familiensystem wirkt wie ein Mobile - ein frei hängendes, ausbalanciertes, leichtes Kunstgebilde, das schon durch einen schwachen Luftzug bewegt wird. Erschütterungen im Familiensystem haben Auswirkungen auf alle seine Mitglieder, auch wenn sie möglicherweise gar nicht direkt beteiligt sind. Die Aufgabe für alle liegt darin, das System immer wieder auszubalancieren und zu harmonisieren, indem jeder dafür sorgt, dass es ihm selbst gut geht und er/sie auch in einem guten Verhältnis zu den anderen steht. Übersetzt heißt das: Geht es den Kindern schlecht, tragen die Eltern die Situation mit. Geht es den Eltern schlecht, tragen das die Kinder mit. Wie in einem Mobile, weil alle emotional miteinander verbunden sind. Deswegen ist es mir sehr wichtig, für die Genesung der Kinder die Eltern mit in die Behandlung einzubeziehen.

Durch die Angst und Sorge um ihre Kinder sind vor allem Mütter oft selbst angespannt, müde und erschöpft. Sie brauchen ebenfalls Unterstützung und Entlastung. Diese Hilfe kann ich emotional und mental geben, damit auch sie zur Ruhe kommen und körperlich wieder fit werden. Diese positive Entwicklung spüren die Kinder, was wiederum bei ihnen zu einer positiven Entwicklung beiträgt.

Oft treten bei den Kindern die Probleme in der Familie als Symptome auf. Das Wissen darum wird in der Schule nicht gelehrt und in unserer Gesellschaft nicht mehr weitergegeben. Daher übersehen viele Eltern diese Zeichen oder können nicht richtig deuten, welches Verhalten ihre Kinder widerspiegeln.

Um ein Kind in die Genesung zu bringen, ist es aus den genannten Gründen immens wichtig und unausweichlich, das ganze Familiensystem zu stärken und in die Ruhe zu bringen. So beziehe ich grundsätzlich die Eltern eines Kindes, das von mir behandelt und begleitet wird, mit in die Behandlung ein. Das Ergebnis sind glückliche Kinder und zufriedene Eltern.

Beispiel Schulungsunterlagen

Anhand der gezeichneten Bilder für die Kinder sehen Sie, wie ich den Kindern die Symptome und Therapie kindgerecht erkläre.

Darmdiagnostik

Kind mit gesunder Darmflora

Positiv wirkende Bakterien

Darmdiagnostik

Krankmachende Bakterien

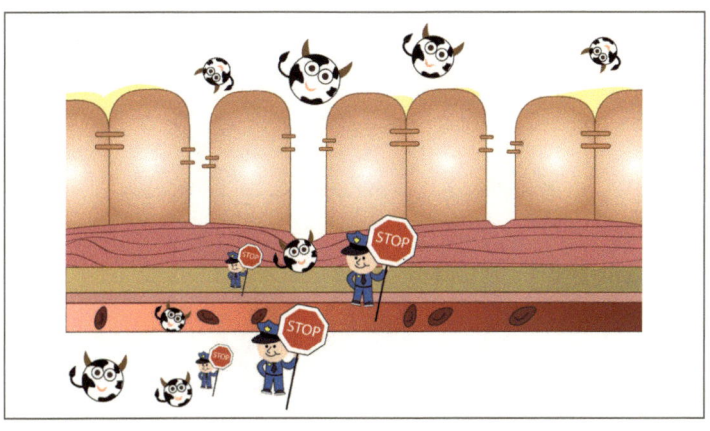

Durchlässiger Darm (Leaky Gut) bei Kuhmilch-Intoleranz

Darmdiagnostik

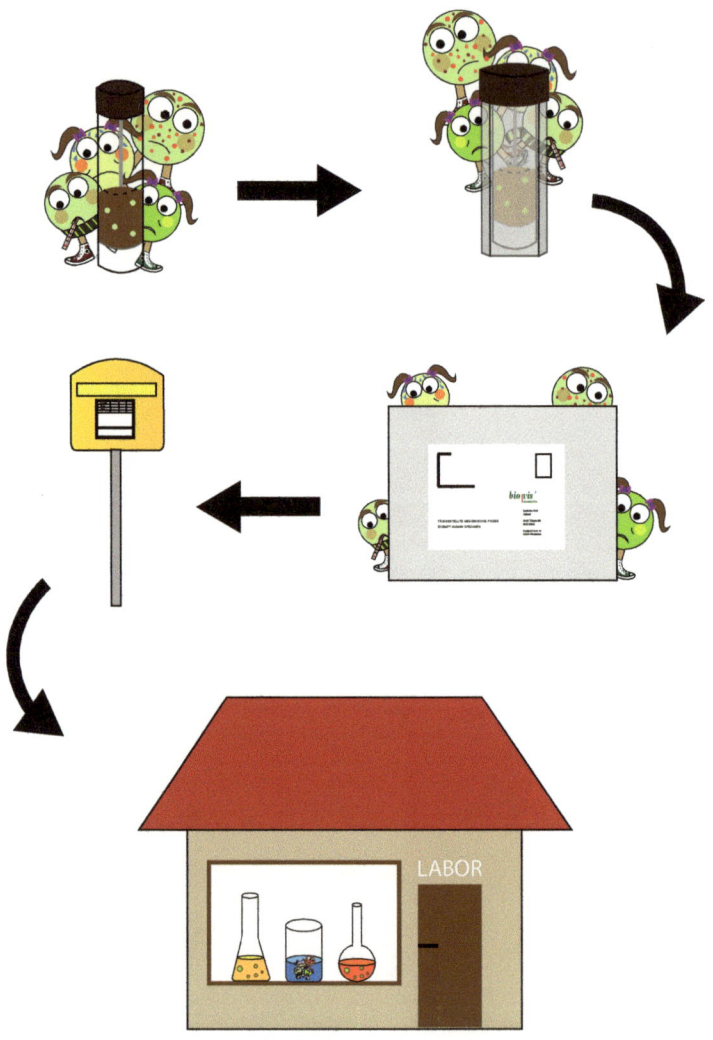

Kranke Bakterien im Stuhlgang auf dem Weg ins Labor

Konfliktdiagnostik

Erläuterung der Konflikte anhand der 28 Zwerge, die im gemalten
Kinderkörper an bestimmten Stellen wohnen (Farben der Mützen)

Konfliktdiagnostik

zaghaft und mutlos   Konfliktlösung

Schock - Gefühlsleere   Konfliktlösung

tief verletzt und zurückgezogen   Konfliktlösung

Die Mithilfe der Kinder

Das Kinderkonzept entwickelte ich bewusst mit den Kindern zusammen und fragte die Kinder, was sie sich in der Behandlung wünschten, was sie toll fänden und was sie dafür bräuchten. Die Kinder waren begeistert, dass sie mir helfen konnten. Sie wünschten sich Bilder, um die Konflikte zu verstehen, und Werkzeuge, um am Prozess mitwirken zu können, und natürlich eine Belohnung dafür.

Ich setzte die Wünsche der Kinder kindgerecht um und zeichnete noch eine „Zwergenurkunde", ein Diplom als Belohnung für die tolle Mitarbeit der Kinder nach der ersten Behandlung.

29

Zwerge, die in den Kindern rumpeln und pumpeln

Ich entwickelte eine märchenhafte Symbolsprache. Damit erkläre ich den Kindern, was ihre Gefühle mit ihrem Körper machen, wie sich seelische Konflikte, die ich als Zwerge bezeichne, bei ihnen auswirken und wie diese ihnen Beschwerden bereiten.

Dabei werden die Zwerge von mir als „Platzhalter" für Symptome und Konflikte eingesetzt.

In dieser Zeit erfuhr ich durch Katrin fantastische Unterstützung bei meiner Arbeit mit den Kindern: Katrin Barenschee ist eine junge, wunderbare Frau von 23 Jahren. Sie studiert Gesellschaftswissenschaften in Aachen. Ich kannte ihre Mutter, die mir von ihr und ihrer Gabe erzählte, Worte auf einzigartige Weise in Bilder und Farben zu fassen. Sie zeichnet für mich nun die Bilder der Zwerge und haucht ihnen Leben ein, und zwar so individuell, wie ich sie für die Kinder brauche.

So kann ich den Kindern über die Bilder der Zwerge ihre Konflikt-Thematik kindgerecht, spielerisch leicht und mit Humor und Freude nahebringen. Da Kinder Geschichten lieben, erreiche ich sie über die Zwerge gut und bin in der Lage, ihnen ihre Problematik kindgerecht so zu erklären, dass sie diese auch verstehen.

Dadurch bekommt der Konflikt für die Kinder einen Namen und ein für sie mental greifbares Bild der damit verbundenen Umstände. Er wird für die Kinder erklär- und fassbar.

Somit können auch die Schuldgefühle bei den Kindern aufgelöst werden: Nicht sie machen etwas falsch, sondern der Zwerg (der Konfliktanteil in ihnen) ist es, der das mit ihnen macht. Das ist für die Kinder eine ungemeine Erleichterung.

Der Konflikt bekommt für das Kind nun ein Zwergengesicht. Und ich liefere ihm eine Anleitung, wie es den Zwerg versorgen und pflegen muss, damit dieser wieder aus dem Körper des Kindes ausziehen kann.

Die Kinder können bei dieser Art der Kommunikation genau sehen, wie der Weg der Behandlung verläuft. Und sie verstehen, was mit ihnen passiert. Da sie den Zustand des Zwerges und dessen Auswirkungen in sich gut spüren können, verstehen sie auch, warum sie sich oftmals nicht gut fühlen und Probleme haben.

Durch diese Herangehensweise können sie zwischen verschiedenen emotionalen Zuständen unterscheiden und diese zuordnen. Sie erfahren, welche Symptome der Zwerg bei ihnen auslöst und vor welche Lernaufgabe sie das stellt. Sie bekommen außerdem konkrete Werkzeuge an die Hand, die ihnen dabei helfen, den Auszug des Zwerges zu unterstützen, sodass sie selbst konfliktfrei werden.

Mir selbst macht es auf diese Weise viel Freude, mit den Kindern zu arbeiten und ihnen die Geschichte von der Zwergenfrau zu erzählen.

Beispiel: Herzkonflikt

Hiermit bezeichne ich Konflikte, die auf der Ebene des Herzens liegen. Über die Bilder erläutere ich den Kindern, was der Zwerg/Konflikt mit Ihnen macht.

Verängstigt - Kummer, der zu Herzen ging

Es gibt 5 Herzkonflikte - Zwerge, die im Herzen wohnen

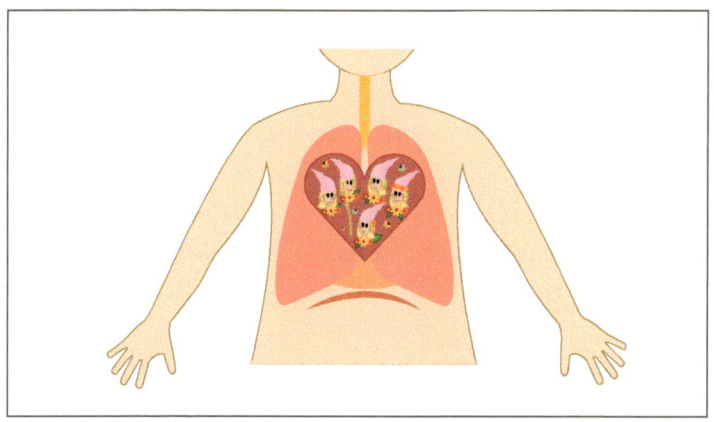

Körperebene, auf der Herzkonflikte Probleme bereiten können

Gelöster Konflikt - Tanzender Zwerg, der glücklich und zufrieden ist

Dieser ist zu Beginn traurig. Wenn er dann bei den Kindern wieder auszieht ist er glücklich, fröhlich und singt dabei: Ich öffne mein Herz für die Freude und den Sonnenschein.

Die Zwergenfrau

In einem fernen Land, man nannte es Dreiländer-
punkt, lebte eine weise Frau mit liebevollen Augen. Sie
besaß die Gabe, in die Herzen der Kinder zu schauen. Die
Kinder liebten sie sehr und nannten sie die Zwergenfrau.
Sie konnte sehen, wenn ein Zwerg in einem Kind rum-
pelte und pumpelte und diesem das Leben schwer machte.
Die Kinder waren erstaunt, wenn die weise Frau
ihnen davon erzählte, denn sie hatten noch nichts von
den Zwergen gehört, die Schabernack und Unfug mit
ihnen trieben.
Die weise Frau kannte alle Zwerge, die es gab, alle 28.
Es gab große und kleine, dicke und dünne, kurze
und lange, junge und alte Zwerge, und jeden von ihnen
kannte sie beim Namen und konnte den Kindern eine
Geschichte von ihm erzählen, die aus dem anderen
Reich kam, das in den Menschen enthalten ist.
Alle 28 Zwerge besaßen die gleichen kleinen, spitzen
Öhrchen und lange Nasen. Und alle gingen sie von der
Größe dem Menschen gerade bis zum Knie und den
Kindern bis zum Bauch.
Sie trugen eine spitze Mütze, waren schlau, listig und
geheimnisvoll und wirkten im Verborgenen bei den
Kindern, sodass es niemand sah und zunächst auch
keiner bemerkte.
Aber den Kindern ging es immer schlechter, wenn die
Zwerge da waren. Sie fingen an, sich über Bauchweh,
Unruhe oder Schlafstörungen zu beklagen und hatten
manchmal Angst. Und einige Kinder wurden sogar
wütend, aggressiv oder traurig.

Niemand jedoch vermutete, dass sich hinter all den Beschwerden ein Zwerg verbarg.

So gingen die Eltern mit den Kindern zu Untersuchungen. Dort stellte man die Kinder auf den Kopf, drehte sie über Wochen und Monate von rechts nach links und oft fand niemand heraus, was den Kindern fehlte, da die Zwerge die Gabe hatten, sich unsichtbar zu machen.

All dies wusste die weise Frau und so machte sie sich auf den Weg zu den Kindern, um diesen zu helfen. Sie ging mit den Kindern auf Zwergenjagd, spürte die Zwerge auf, verriet den Kindern ihre Namen. So dass die Zwerge dann bei den Kindern ausziehen mussten und keine Chance mehr hatten, weiterhin ihr Unwesen mit ihnen zu treiben.

Das Ergebnis meiner Arbeit

Es erfüllt mich immer mit Glück, wenn die Kinder mich nach der Geschichte anschauen und sagen: „Katja, du bist die weise Frau, die Zwergenfrau!", und dabei strahlen.

Wenn die Kinder untersucht und behandelt sind und ihren Zwerg endlich im Griff haben, frage ich sie: „Mit welchem Gefühl gehst du denn jetzt nach Hause?"

Und sie antworten fast alle mit demselben Wort: „glücklich".

Es rührt mich jedes Mal aufs Neue und oft habe ich Tränen in den Augen, wenn ich nach dem Warum frage: „Und weswegen bist du jetzt so glücklich?"

Die Kinder schauen mich dann mit großen Augen an und sagen „Katja, ich weiß doch nun endlich was in mir los ist", und strahlen dabei wie die Sonne.

Ich selbst strahle genauso wie die Kinder. Auch ich bin glücklich, sehr glücklich, weil ich der schönsten Arbeit auf der Welt nachgehen darf. Ich habe diese selbst kreiert und bin zutiefst dankbar dafür.

Ich kann den Kindern helfen, so wie ich es mir immer gewünscht habe. Heute lebe ich meine Vision. Ich habe nie aufgegeben und immer an mich selbst geglaubt, auch in den schwersten Stunden, als ich nicht mehr wusste, wie ich das alles schaffen soll.

Die Liebe zu den Kindern trug mich immer weiter. Und ich erkannte mit der Zeit die Beweggründe, weshalb ich diesen Weg, den mir meine Vision vorgab, über die Jahre stetig gegangen bin: Ich durfte auf diesem

Weg heilen ... ich, das kleine, einsame Zwillingsbaby, das damals in seinem Bettchen in der Kinderklinik so viel Angst gehabt hat.

Um den Erfolg dieser Kinderbehandlung, den ich bei vielen Kindern in meiner Praxis immer wieder verzeichnen konnte, wissenschaftlich zu belegen, beschloss ich, mit ärztlicher Unterstützung eine Kinderstudie durchzuführen. Damit eines Tages viele Therapeuten mit diesem Konzept arbeiten können. Dadurch erhält jedes Kind die Möglichkeit, seine eigenen Zwerge kennenzulernen.

Ich möchte Ihnen nun mein Kinderkonzept „Wunden heilen, die von außen niemand sieht" und die dazugehörige Kinderstudie vorstellen.

Kinderstudie

Verhaltensauffälligkeiten bei Kindern

Vorwort von Prof. Dr. Kühl (Kinderheilkunde)

Um es gleich zu sagen: Ich bin ein hartgesottener Schulmediziner.

Aber fast 40 Jahre Berufserfahrung haben mir gezeigt, dass die Schulpädiatrie zwar beeindruckende Erfolge erreicht hat, aber auf einige Fragen noch keine guten Antworten kennt.

ADHS, chronische Bauch- und Kopfschmerzen bleiben eine Herausforderung, für die im Alltag zumeist nicht die nötige Zeit bleibt.

Katja Weidemann offeriert eine Lösung. Ich kenne Katja aus unserer gemeinsamen Zeit auf der Intensivstation der Heidelberger Universitäts-Kinderklinik.

Ich weiß, dass sie in der Schulpädiatrie geerdet ist und keine esoterischen Höhenflüge unternimmt. Auch wenn ich ihre diagnostischen Verfahren nicht in Gänze verstehe, imponiert mir ihr Anliegen.

Diese Kinderstudie genügt sicher nicht den Anforderungen von randomisierten, kontrollierten Studien. Aber sie demonstriert, dass das Kümmern um jedes einzelne Kind Früchte trägt.

Ich wünsche Katja viel Kraft, diesen Weg weiter zu verfolgen, und gleichzeitig Mitstreiter, die diesen beschwerlichen, aber erfolgreichen Weg teilen.

Im Interesse der Kinder geht es nicht um den Kampf zwischen Schulmedizin und alternativen Angeboten. Das Wohl der Kinder ist das gemeinsame Ziel.

Prof. Dr. Gonne Kühl

Vorwort von Dr. Claessens (Allgemeinmedizin)

Frau Weidemann hat in ihrer Kinderstudie das belegt, was ich seit Jahren in meiner Praxis als Allgemeinarzt mit 47 Jahren Berufserfahrung, der auch Kinder behandelt, sehe.

Bisher hat noch niemand bewiesen, dass chronischer Stress, Ängste, Darmprobleme und nicht gelöste, seelische Konflikte einen Einfluss auf die Gesundheit und das Verhalten der Menschen haben, nicht nur bei Kindern.

Frau Weidemann hat jedoch mit einer einfachen Methode wissenschaftlich belegt, dass die Beziehung zwischen Psyche und Körper über das neurovegetative Nervensystem verbunden ist, und hat damit bewiesen, dass eine ganzheitliche Behandlung notwendig ist.

Gleichzeitig konnte sie die nachhaltige und mögliche Bedeutung einer gesunden Ernährung belegen, die eine wichtige Rolle für den dauerhaften Erfolg in der Genesung spielt.

Diese Studie ist für die Zukunft richtungsweisend; sie verdient deshalb Weiterempfehlung und Sichtbarkeit, da sie nicht nur auf Kinder, sondern auf alle Menschen anwendbar ist.

Sie ist eine wunderbare Ergänzung, um die regulären Ideen der Schulmedizin mit Komplementärmedizin weiter zu erklären und zu unterstützen.

Ich selbst habe an zweien meiner Enkelkinder gesehen und erlebt, wie sich der Erfolg einstellte.

Ein Enkelkind (9 Jahre) war sehr schüchtern und zurückgezogen, hatte viele Ängste und dadurch körperliche Beschwerden mit Asthma bronchiale, die sich mittels der Behandlung von Katja Weidemann auflösten. Danach hat sich mein Enkelkind sogar als Klassensprecherin in der Klasse beworben.

Das andere Enkelkind (7 Jahre) lernte Hockey spielen und hatte Angst, war wütend und aggressiv. Er entwickelte sich während und nach der Behandlung zu einem musterhaften, ausgeglichenen Führer seines Teams.

Somit kann und möchte ich diese Kinderstudie an meine ärztlichen Kollegen zur Unterstützung der Schulmedizin weiterempfehlen, um eine ganzheitliche Behandlung zu gewährleisten.

Hinzu kommt, dass diese Behandlungsmethode eine gute Alternative zu Ritalin ist.

Dr. Frank Claessens

Fragestellung

Inwieweit beeinflussen psychische Konflikte das vegetative Nervensystem und der Darm das psychische Allgemeinbefinden des Kindes und seine Erkrankungen? Und inwieweit sind sie für Verhaltensauffälligkeiten bei Kindern verantwortlich?

Ziel ist der Nachweis, dass die Kinder auf die Behandlungsmethode von Katja Weidemann über einen Zeitraum von vier Monaten überdurchschnittlich gut ansprechen.

Die Diagnostik erfolgte durch die PSEnergy mit Unterstützung des Labornachweises durch das Labor Biovis und einer HRV-Messung.

Anschließend erfolgte die individuelle Behandlung mit Probiotika der Firma Allergosan und homöopathischen Mitteln der Firma Rubimed.

Gliederung

- » Einführung in das Thema
- » Inhalte der Kinderstudie
- » Probanden
- » Diagnostik
- » Therapie
- » Zwei Studienbeispiele
- » Ergebnis

- » Danksagungen
- » Quellenangabe

Einführung in das Thema

Kinder sind von ihrer Wesensart aus unbefangen, fröhlich und neugierig.

Im Gegensatz zu uns Erwachsenen begegnen sie der Welt mit spontaner Ehrlichkeit. Arglos und neugierig erkunden sie ihre Umgebung und alles Neue. Anders als der erwachsene Mensch denken Kinder nicht über ihre Gefühle nach und erleben diese noch spontan und unbefangen aus dem Bauch heraus.

Gefühle, neue Eindrücke und Erfahrungen müssen die Kinder erst einmal verkraften und dann lernen, sie zu verstehen und mit Sinn zu belegen, denn dafür sind in ihnen noch keine Erfahrungen und Strukturen vorhanden. Dies ist ein andauernder Prozess, der sie mitunter über eine längere Zeit beschäftigen kann.

Unangenehme Erfahrungen, negative Erlebnisse oder einfach Dinge, welche die Kinder belasten und für sie nicht einzuordnen sind, können sich über Stress im vegetativen Nervensystem und als körperliche Beschwerden oder Ängste bemerkbar machen.

So wirken körperliche und seelische Verletzungen bei Kindern, wie bei allen Menschen, auf Körper, Geist, Seele und Emotionen. Diese emotionalen Verletzungen sind wie Wunden, die niemand von aussen sieht. Oftmals werden diese Situationen erst später bewusst verstanden, sind jedoch im Unterbewusstsein gespeichert und werden durch ähnliche traumatische Situationen unbewusst restimuliert.

Daher tragen viele Kinder mehr unverarbeitete Gefühle in sich als sie mit den ihnen zur Verfügung stehenden Mitteln verarbeiten können. Seelische Konflikte können Kinder unmittelbar aus dem Gleichgewicht bringen und sie verunsichern. Sie werden still und stumm, sind traurig und bedrückt, lassen sich nicht mehr auf Neues ein, sind häufig abwesend, klagen über Bauchweh, kauen Fingernägel oder zeigen andere Symptome. Eine andere Ausprägung zeigt sich, indem sie unruhig, unbedacht, laut, wütend, aggressiv und sehr ausfallend werden können. All diese Symptome stehen stellvertretend für nicht erkannte Ängste, die in den Kindern arbeiten und sich auf diese Weise Bahn brechen. Sie belasten das gesamte Körpersystem der Kinder, setzen sie innerlich unter Druck, bauen Stress auf und überfordern die Kinder ungemein.

Eines der ersten Organe, das auf Angst reagiert, ist der Darm. Seelische Konflikte und Ängste belasten und schwächen den Darm. Er kann seinen Aufgaben nicht mehr nachkommen und wird auf Dauer in seiner Funktion gestört.

Des Weiteren hat der Darm die Möglichkeit, über das Immunsystem mit dem Gehirn in Kontakt zu treten und so die Emotionen ebenfalls zu beeinflussen. Da sich 80 % des Immunsystems im Darm befinden, ist ein gesunder Darm überaus wichtig.

Kommt es beispielsweise zu einem Ungleichgewicht der Darmbakterien, das heißt zwischen den gesunden und den krank machenden Bakterien, so entsteht eine Dysbiose. Das ist eine krank machende Darmflora, die die Darmschleimhaut verändert. Dies führt zu einer erhöhten Durchlässigkeit.

Man nennt diesen Zustand auch das „Leaky-Gut-Syndrom" oder auch „leckender Darm". Dadurch wird eine diffuse Entzündung im Darm ausgelöst, die ohne direkte Symptome und ohne Schmerzen verläuft. So wird der Krankheitszustand des Darms häufig nicht diagnostiziert und kann sich immer weiter verschlimmern. Über Jahre hinweg werden lediglich die Symptome behandelt, die an ganz anderer Stelle auftreten, ohne dabei die Ursache zu beheben.

Diese Entzündungen des Darms sind eine der Hauptursachen für Allergien und Nahrungs-unverträglichkeiten. Toxine und Allergene können in Folge ungehindert die Darmschleimhaut passieren und in den Körper gelangen.

Innerhalb der Darmschleimhaut befinden sich Lymphgefäße, die mit dem Lymphsystem des Körpers verbunden sind und so die schädlichen Stoffe im gesamten Körper verteilen. Auf diese Art und Weise können überall Entzündungen entstehen, obwohl sich der Entzündungsherd an einer ganz anderen Stelle befindet, an der man ihn nicht vermutet.

Auf diese Weise gelangen die Allergene und Toxine bis zu den Ohren, Nasennebenhöhlen, Bronchien, in das Nervensystem, das Gehirn, die Gelenke, ins Bindegewebe und auch in die Haut. An diesen Stellen zeigen sich dann deutliche Auswirkungen, da die Schleimhautbarriere geschwächt ist. Zum Beispiel durch Hautrötungen, Ausschlag oder auch laufende Nasen oder Husten.

Selbst die Funktion des Gehirns kann teilweise gestört werden. Über die Darm-Leber-Hirn-Achse gelangen Giftstoffe auch direkt ins Gehirn. Daher ist dieses meist auch mit Entzündungen belastet. Die Beeinträchtigung des Gehirns wird durch die Reduzierung der Neurotransmitter GABA, Noradrenalin, Serotonin, Dopamin und Acetylcholin noch verstärkt. Diese stehen nicht mehr in ausreichender Menge zur Verfügung, da deren Vorstufen vom erkrankten Darm nicht mehr produziert werden.

Um die Konflikte kindgerecht zu vermitteln, verwende ich eine märchenhafte Symbolsprache. Ich erkläre den Kindern, was ihre Gefühle mit ihrem Körper machen, wie sich seelische Konflikte, die ich als Zwerge bezeichne, auf sie auswirken und ihnen Beschwerden bereiten. Dabei werden die Zwerge von mir als Platzhalter für die Symptome und Konflikte eingesetzt. So bringe ich den Kindern die Thematik kindgerecht und spielerisch leicht, mit Humor und Freude nahe. Da Kinder Geschichten lieben, kann ich sie über die Zwerge gut erreichen und ihnen ihre Problematik so erklären, dass sie diese auch verstehen können. Jetzt bekommt der Konflikt für die Kinder einen Namen sowie eine bildliche Darstellung der damit verbundenen Umstände. Er wird für sie erklär- und fassbar. Dadurch lösen sich die Schuldgefühle der Kinder: Nicht sie machen etwas falsch, sondern der Zwerg ist es, der das mit ihnen macht. Das ist für die Kinder eine ungemeine Erleichterung.

Kinder leiden sehr unter der Situation der Verhaltensauffälligkeit und wollen etwas verändern, wissen aber nicht wie. Jetzt aber hat der Konflikt für das Kind ein Zwergengesicht und sie haben eine Anleitung, wie man ihn versorgt und pflegt, damit er wieder aus dem Körper des Kindes ausziehen kann. Die Kinder können bei dieser Art der Kommunikation genau sehen, wie der Weg der Behandlung verläuft und sie verstehen, was mit ihnen passiert. Da sie den Zustand des Zwerges und dessen Auswirkungen in sich gut spüren können, verstehen sie auch, warum sie sich oftmals nicht gut fühlen und Probleme haben. Durch diese Herangehensweise können sie zwischen verschiedenen emotionalen Zuständen unterscheiden und diese zuordnen. Sie erfahren, welche Symptome der Zwerg bei ihnen auslöst und vor welche Lernaufgabe sie das stellt. Sie bekommen außerdem konkrete Werkzeuge an die Hand, die ihnen dabei helfen, den Auszug des Zwerges zu unterstützen.

Wichtig ist, dass das Kind den Unterschied zwischen dem Zwerg (Konflikt in sich) und sich selbst versteht, damit das Kind in ein Verhalten und eine Wirkung zurückkehren kann, die dem eigentlichen, ursprünglichen Wesen des Kindes entsprechen. Bisher existierten beide Verhaltensweisen parallel. Sie wurden vom Umfeld und dem Kind jedoch bislang als ein und dieselbe Person wahrgenommen und als solche hinsichtlich ihres Verhaltens beobachtet. Das Kind lernt nun, dass nur ein Teil (der Zwerg/ Konflikt) in ihm einen Fehler macht, dass es selbst aber in Ordnung ist und sich so, wie es ist, lieb haben darf.

Um diesen kleinen Teil, den Zwerg, wird sich nun schließlich professionell gekümmert.

Durch das Erkennen und Auflösen der seelischen Konflikte (mithilfe der Zwerge) kommt das Kind in seine Mitte, hat eine stabile Psyche, dadurch auch ein gefestigtes Immunsystem und ein gestärktes Mikrobiom, sodass das Kind voller Kraft, ausgeglichen und fröhlich seinen Alltag bewältigen kann.

Probanden

Untersucht wurden 15 Kinder im Alter von 8 - 12 Jahren (8 weiblich / 7 männlich). Alle Kinder waren in einem stabilen Allgemeinzustand und ohne Medikation. Die Hauptsymptome bei allen Kindern waren: Ängste, Konzentrationsstörungen und Bauchweh. Folgende Diagnosen wurden von den behandelnden Kinderärzten gestellt: unklare Kopf- und Bauchschmerzen, Obstipation, Meteorismus, Miktionsstörungen, Asthma bronchiale, Neurodermitis, Vitiligo, ADHS, Legasthenie, Adipositas.

Als psychologische Belastungen wurden von den Kindern benannt: Trennungs- und Verlustangst, Versagensängste, Angst vor Leistungsdruck im Zusammenhang mit der Schule.

Als Verhaltensauffälligkeiten wurden festgestellt: Konzentrationsstörungen, innere Unruhe, mangelndes Selbstbewusstsein, niedrige Frustrationstoleranz, geringe Konfliktfähigkeit, Aggression gegen sich und andere, unmotivierte Wutanfälle und Ausbruch von Zorn, Fingernägel kauen, übermäßige Zurückhaltung, scheuer Umgang mit anderen, introvertiertes Wesen, Hektik, Ungeduld, übermäßige Nervosität, angespanntes, ruheloses und rastloses Auftreten.

Methoden

Ein detaillierter Befund des körperlichen, emotionalen und mentalen Zustands wurde erhoben.

Mikrobiologische Untersuchungen jeweils einer Stuhlprobe erfolgten zu Beginn und am Ende der Studie.

Ein individueller Therapieplan unter Zuhilfenahme von homöopathischen Mitteln und Probiotika wurde ausgearbeitet.

Ein Ernährungsplan wurde eingehend erläutert.

Das Kinder-Coaching umfasste die Benennung des persönlichen Konfliktzwerges mit der entsprechenden Erklärung sowie drei Schulungseinheiten über seelische Konflikte, Gefühle und das Immunsystem in Verbindung mit dem Darm. An zwei Schulungsabenden konnten die Eltern Fragen stellen und wichtige Informationen für eine erfolgreiche Behandlung erhalten.

Diagnostik

Die Stuhlproben wurden im Labor Biovis nach mikrobiologischen Standardmethoden (Untersuchung von Zonilin etc.) untersucht.

(Biovis Diagnostik MVZ GmbH, Justus-Staudt-Straße2, 65555 Limburg-Offheim, E-Mail: info@biovis.de)

Die Stuhlproben ergaben, dass bei allen Kindern der Darm gestört war und eine Dysbiose vorlag. Das heißt, dass bei ihnen eine gestörte Darmflora nachgewiesen wurde, bei der gesundheitsfördernde Bakterien in viel zu geringer Anzahl vorhanden waren.

» Bei 10 Kindern gab es eine Erhöhung des Zonulin-Wertes.
» Bei 7 Kindern wurden erhöhte Alpha 1-Antitrypsin-Werte nachgewiesen.
» Bei 9 Kindern gab es zusätzlich erhöhte SigA-Werte.

Übereinstimmend war bei allen Kindern nachweisbar, dass die folgenden Darmbakterien sehr stark reduziert auftraten:

» Escherichia coli
» Bifidobakterium
» Lactobacillus

Des Weiteren wurden bei den Kindern folgende Darmbakterien auffällig reduziert nachgewiesen:

» Enterobacter species
» Enterococcus species
» Bacteroides species

Außerdem wurde bei den Kindern folgender schädliche Pilz in erhöhter Anzahl nachgewiesen:

» Candida albicans

Bei allen Kindern lag der pH-Wert außerhalb der Normalwerte (zwischen 6,0-7,0), die für einen gesunden Darm notwendig sind.

Seelische Konflikte wurden mit der PSEnergy-Methode nach Frau Dr. Güdel ermittelt.

(Dr. Ulrike Güdel, Unterbiel 22, CH 4418 Reigoldswil)

Diese Diagnostik wird mittels eines Computers, dem Reba-Testgerät, und spezieller Testampullen durchgeführt. Das Reba®-Testgerät kann das Energiesystem in seinen vier Ebenen – vital, emotional, mental und kausal – darstellen, desgleichen aktive unbewusste, seelische Konflikte des Kindes.

Die HRV-Messung/Herzfrequenzvariabilität (www.vitascanning.de) beschreibt die Herzfrequenz und die Regulationsfähigkeit des Herzens. Die HRV wird maßgeblich durch das vegetative Nervensystem mit seinen beiden Antagonisten Sympathikus und Parasympathikus gesteuert. Sobald die Aktivität der beiden Antagonisten nicht mehr ausgeglichen ist, liegt eine Störung des vegetativen Nervensystems vor.

Therapie

Die Firma Rubimed bietet homöopathische Komplexmittel zur Behandlung seelischer Konflikte und zum Ausgleich des zentralen Nervensystems sowie zur Reduzierung von Stresszuständen und der Auflösung von Ängsten an. Die Komplexe bestehen aus mineralischen und pflanzlichen Stoffen sowie tierischen Organanteilen in homöopathisierter Form.

(Rubimed, Grossmatt 3, CH 6052 Hergiswil, E-Mail: info@rubimed.com, Tel. Schweiz: +41 (0)41 - 630 08 88, Tel. Deutschland: +49 (0)6837 - 21 33 81, Fax Schweiz: +41 (0)41 - 630 08 87)

Zum Einsatz kamen folgende Produkte:

» Simvita (Adrenalin comp.) bei Nervosität und innerer Anspannung, Überforderung
» Anxiovita (Kava Kava comp.) bei allen Formen von Angst, Panik oder aber auch bei Unruhezuständen
» Neurovita (Melissa comp.) bei Schmerzen, Angespanntheit, Verspannungen, Gereiztheit und Aggressivität
» Chavita in unterschiedlichen Wirkstoffkombinationen öffnet und gleicht die zugehörige Körperebene wieder aus
» Emvita in unterschiedlichen Wirkstoffkombinationen sorgt für die Auflösung der jeweiligen seelischen Konflikte.

Allergosan-Produkte bestehen aus natürlichen Substanzen wie probiotischen Bakterien, Pflanzenextrakten und Mineralstoffen.

Zum Einsatz kamen folgende Produkte:

» OMNi-BiOTiC® 6 und OMNi-BiOTiC® STRESS Repair.

Außerdem erhielten die Kinder Zink, das die Struktur von Eiweißen und die Zellmembranen stabilisiert. (Allergosan, Schmiedlstraße 8A, 8042 Graz, Österreich, E-Mail: info@ allergosan.at, Tel.: +43 316 405 305, Fax: +43 316 405 305 20)

Folgende Öle der Firma Prima Vera Life kamen zum Einsatz:

Neroli (Bitterblüten Orange) und Römische Kamille. Beide Aromaöle wurden lediglich als geruchsaktive Wirkstoffe eingesetzt. Sie beruhigen das Nervensystem und reduzieren Stresssymptome, sodass die Kinder einen ruhigeren Schlaf bekamen. (PRIMAVERA LIFE GMBH, Naturparadies 1, 87466 Oy-Mittelberg, Tel. 08366-8988-0)

Ernährung

Wichtig war eine Ernährungsumstellung, da bestimmte Lebensmittel Eiweiße enthalten, auf die der Körper mit einem gestörten Darm reagiert.

Dies gilt vor allem für Gluten und Kuhmilcheiweiß, auf die die Kinder während der Studie verzichten mussten. Der konkrete, individuelle Ernährungsplan hing vom Befund der Stuhlprobe ab.

Eiweiße enthalten Ketten von Aminosäuren. Durch die Verdauung werden die Eiweißketten aufgespalten und die Aminosäuren freigesetzt. Wenn das Mikrobiom gestört ist, können die langen Ketten von Eiweißen nicht gut gespalten werden und dringen so durch die undichte Schleimhaut und durch die gebrochenen Tight Junctions in das Submucosa-Lymphsystem.

Dort kommen sie in Kontakt mit den dendritischen Zellen, die wiederum eine Reaktion im Immunsystem hervorrufen, da Allergene aus Eiweißmolekülen bestehen und das Immunsystem hierauf mit einer Abwehr reagiert. Dadurch kommt es zu allergischen Reaktionen bzw. Unverträglichkeiten.

Deswegen ist es wichtig, solange das Mikrobiom nicht in Ordnung ist, Kinder von gluten- und kuhmilchhaltigen Lebensmitteln fernzuhalten, um diese Reaktion zu vermeiden.

Nach Heilung des Mikrobioms und der Darmschleimhaut können Gluten und Kuhmilch nach und nach wieder in die Ernährung eingeführt werden.

Gluten-Unverträglichkeit

Gluten ist der Oberbegriff von Klebereiweiß, das im Getreide enthalten ist. Es besteht aus den Eiweißbestandteilen Gliadin und Glutenin.

Klassischerweise wurde für die Diagnose einer Gluten-Überempfindlichkeit (Zöliakie) der Nachweis von Gliadin-Antikörpern bzw. von Transglutaminase-Antikörpern zusammen mit dem dünndarmbiotischen Nachweis einer Zottenatrophie angefordert.

Es gibt jedoch inzwischen wissenschaftliche Hinweise darauf, dass darüber hinaus eine Gluten-Empfindlichkeit im weiteren Sinne mit subjektiven Symptomen möglich ist, die sich durch glutenfreie Ernährung bessern kann. Dies war durch nachlassende Symptome bei den Kindern ebenfalls feststellbar.

Ergebnisse

Exemplarisch möchte ich zunächst den Verlauf der Therapie und den Genesungsprozess bei zwei unterschiedlichen Patienten darstellen.

Patient 1

Ein neun Jahre alter Junge (Größe: 1,42 m, Gewicht: 33,1 kg) litt nach der schulmedizinischen Anamnese an ADHS mit starker Konzentrationsstörung. Die vorgeschlagene Methylphenidat-Therapie lehnten die Eltern ab. Zu Beginn der Studie klagte der Junge über Ängste (Angst im Dunkeln, Angst, alleine zu sein), mangelndes Selbstbewusstsein, niedrige Frustrationstoleranz, fehlende Konfliktfähigkeit, Konzentrationsstörungen, schlechte Feinmotorik, Bauchschmerzen und Durchfall. Seine Hausaufgaben machte er nicht alleine, sondern bestand auf die Anwesenheit seiner Mutter. Er ließ sich zu leicht ablenken und wirkte auf mich nervös, empfindlich, aggressiv und schnell reizbar, dabei sehr unruhig.

Die Diagnostik ergab folgende Befunde:

In der PSE-Testung lag der emotionale Wert bei 60 Punkten von 100, der mentale bei 51 Punkten von 100. Die HRV-Messung zeigte erhöhte Werte, die auf eine vegetative Imbalance hindeuteten. Stuhlbefunde ergaben, dass das Zonulin im Normbereich lag. Der SigA-Wert war hingegen zu niedrig und die Bakterienflora unausgeglichen.

Aus den Befunden leitete ich folgende Diagnose ab:
aktueller seelischer Konflikt, Ängste und tiefer Kummer, Dysbiose.

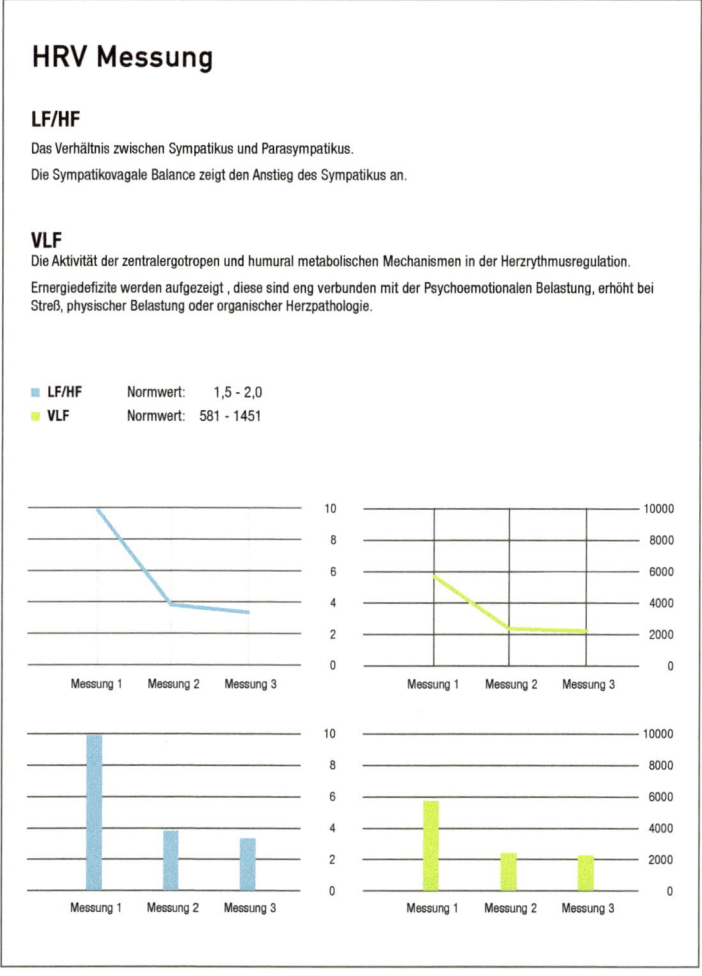

HRV Messung

LF/HF

Das Verhältnis zwischen Sympatikus und Parasympatikus.

Die Sympatikovagale Balance zeigt den Anstieg des Sympatikus an.

VLF
Die Aktivität der zentralergotropen und humural metabolischen Mechanismen in der Herzrythmusregulation.

Ernergiedefizite werden aufgezeigt , diese sind eng verbunden mit der Psychoemotionalen Belastung, erhöht bei Streß, physischer Belastung oder organischer Herzpathologie.

■ **LF/HF**   Normwert: 1,5 - 2,0
■ **VLF**   Normwert: 581 - 1451

Energiewerte

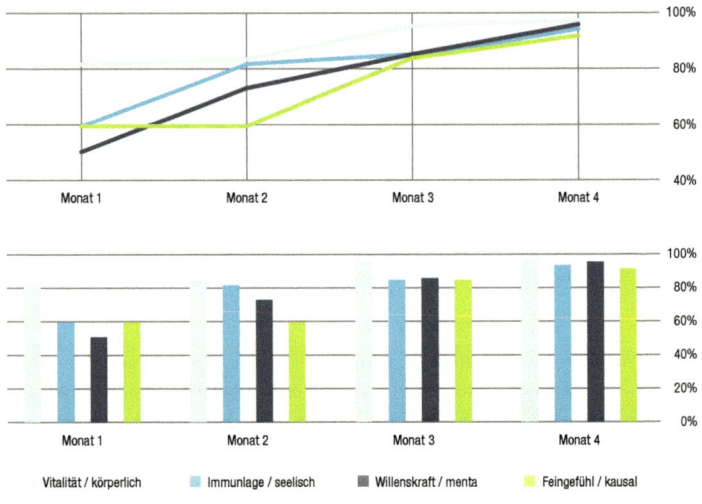

Vitalität / körperlich   Immunlage / seelisch   Willenskraft / menta   Feingefühl / kausal

Darmbefund

	Normbereich	Anfangswert		Endwert	
Nachweis von Bakterien aerob					
Escherichia coli	10^6 - 10^7	6 x 10^7		< 10^4	
Escherichia coli Biovare	< 10^4	< 10^4		< 10^4	
Proteus species	< 10^4	< 10^4		< 10^4	
Klebsiella species	< 10^4	< 10^4		< 10^4	
Pseudomonas species	< 10^4	< 10^4		< 10^4	
Enterobacter species	< 10^4	< 10^4		< 10^4	
Serratia species	< 10^4	< 10^4		< 10^4	
Hafnia species	< 10^4	< 10^4		< 10^4	
Enterococcus species	10^6 - 10^7	3 x 10^7		2 x 10^6	
Nachweis von Bakterien anaerob					
Bifidobakterium species	10^9 - 10^11	6 x 10^7		2 x 10^9	
Bacteroides species	10^9 - 10^11	2 x 10^8		2 x 10^9	
Lactobacillus species	10^5 - 10^7	6 x 10^5		< 10^4	
Clostridium species	< 10^5	<10^5		< 10^5	
Mykologische Stuhluntersuchung					
Candida species	< 10^3	<10^3		< 10^3	
Candida albicans	< 10^3	<10^3		< 10^3	
Schimmelpilze	negativ	negativ		negativ	
Geotrichum candidum	< 10^3	<10^3		<10^3	
Mykologische Stuhluntersuchung					
Farbe		braun		braun	
Konsistenz		fest		dünnbreiig	
pH-Wert	6.0 - 6.5	7.0		6.0	
Mykologische Stuhluntersuchung					
Alpha 1-Antitrypsin	< 27,5	4,1		24,2	
Sekretorisches Immunglobulin (sIgA)	510 - 2040	465,7		2006,4	
Zonulin	< 55	30,98		45,70	
Florastatus					
Floraindex	< 3	4		6	

Die orale Medikation bestand aus:
Anxiovita 3 x 5 Globuli, Neurovita 3 x 5 Globuli, Simvita 3x 5 Globuli, Chavita Nr.4 2 x 8 Globuli und Emvita Nr.15, zunächst 2 x 5, dann 2 x 7 Globuli.

Zum Riechen: Neroli-Öl.

Die Ernährung sollte glutenfrei sein.

Weiterhin erhielt der Junge für 4 Wochen: 2 x täglich 2 g OMNi-BiOTiC® 6, danach für 2 Monate 1 x täglich 2 g, außerdem Allergosan ZINK Pro 100 g, 1 x täglich 1 Kapsel abends für 3 Monate.

Zusätzlich besprach ich mit ihm seine Ängste anhand der Zwergenmetapher. Nach Aussagen der Mutter war er sehr unausgeglichen und leicht reizbar. Jede Kleinigkeit ließ ihn aus der Haut fahren. Außerdem war er leicht abzulenken und kaum zu bremsen. Zum Beispiel führte ein Streit mit seiner Schwester sehr häufig zu Handgreiflichkeiten.

Seit Beginn der Studie gehe es im zusehends besser, sagte die Mutter.

Er sei ruhiger geworden – nicht mehr von seiner inneren Unruhe getrieben – und weniger aggressiv. Er rege sich zwar immer noch ab und zu über seine kleine Schwester auf, aber es komme nicht mehr sofort zu körperlichen Übergriffen. Er leide nicht mehr unter so starken morgendlichen Bauchschmerzen. Er mache seine Hausaufgaben zügig und sehr gut, sein Schriftbild beim Schreiben in Schreibschrift habe sich deutlich verbessert.

Er könne seine Gefühle besser ausdrücken und sage, wenn er gerne seine Ruhe hätte. Außerdem sei er in der Lage zu kommunizieren, was ihm an seinen Eltern nicht gefiele.

„Dadurch, dass ich weiß, welcher Konflikt ihn belastet, fällt es mir viel leichter, mich auf ihn einzulassen, auf ihn einzugehen und ihn dort abzuholen, wo er steht", bekräftigte die Mutter.

Nach der Eingangstestung machte der Junge einen sehr erleichterten Eindruck und es schien so, als ob er sich gesehen fühlte. Da seine Gefühle nun einen Namen hatten, waren sie für ihn besser zu verstehen. Die Ernährungsumstellung machte er von Anfang an gut mit und war sehr motiviert. Auch die Medikamente nahm er immer gewissenhaft.

Er machte im Laufe der Studie deutlich erkennbare Fortschritte. Sein aggressives Verhalten ging stetig zurück.

Die schon bei Beginn der Studie sichtbare Besserung der morgendlichen Bauchschmerzen hielt an, teilweise blieben die Schmerzen ganz aus. Er wurde viel ruhiger und war in der Lage, konzentrierter an seinen Hausaufgaben zu arbeiten. Wenn er abgelenkt wurde, war er schneller wieder bei der Sache. Auch Konfliktsituationen mit Mitschülern konnte er nun gut lösen.

Am Ende der Behandlung zeigten sich folgende Befunde:
Emotionaler Wert: 94 von 100, mentaler Wert: 96 von 100, SigA -Werte wieder im Normbereich

Der Junge sagt selbst:
„Bevor ich bei Katja war, ging es mir schlecht. Ich hatte jeden Morgen Bauchschmerzen. Ich war sehr oft wütend! Als ich die Globuli bekam, ging es mir viel besser!!! Durch die Globuli wurde ich auch nicht mehr so schnell wütend."

Patient 2

Bei diesem Patienten handelte es sich um einen neun Jahre alten Jungen (Größe 1,38 m, Gewicht 30 kg). Die schulmedizinische Anamnese ergab, dass er vor vier Jahren eine schwere Neurodermitis entwickelt hatte. Damals wurde die Unverträglichkeit von Weizen, Kuhmilcheiweiß und Industriezucker festgestellt. Nach der Behandlung war die Haut wieder intakt.

Zu Beginn der Studie klagte der Junge über Ängste (Versagensangst, Verlustängste), massive innere Unruhe, schlechte Konzentration, Stress bei Hausaufgaben, gleichzeitig über ein hohes Bedürfnis nach Körperkontakt und elterlichem Trost, mangelndes Selbstvertrauen, Kopf- und Bauchschmerzen. Hinzu kamen Blasenprobleme, ständiger Harndrang (eine Blasenentzündung wurde ausgeschlossen), nervöse Ticks.

Er wirkte auf mich sensibel, empfindlich, sprach und antwortete sehr schnell. Das Schulzeugnis besagte: Alle Zensuren waren gut oder befriedigend, Sport sehr gut, ordentliches Sozialverhalten, schlechte Konzentration und Selbstorganisation, wenig Freunde.

Ich ermittelte folgende diagnostische Ergebnisse:

In der PSE-Testung lag der emotionale Wert bei 54 Punkten von 100, der mentale Wert lag bei 34 von 100. Die HRV-Messung zeigte erhöhte Werte, die auf eine vegetative Imbalance hindeuteten.

Im Angstprotokoll äußerte der Junge vermehrt starke Ängste. Stuhlbefunde ergaben ein erhöhtes Zonulin von 78,76. Das Alpha-1-Antitrypsin lag bei 38,3. SigA 4980,6 Bakterien waren unausgeglichen.

HRV Messung

LF/HF

Das Verhältnis zwischen Sympatikus und Parasympatikus.

Die Sympatikovagale Balance zeigt den Anstieg des Sympatikus an.

VLF

Die Aktivität der zentralergotropen und humural metabolischen Mechanismen in der Herzrythmusregulation.

Ernergiedefizite werden aufgezeigt , diese sind eng verbunden mit der Psychoemotionalen Belastung, erhöht bei Streß, physischer Belastung oder organischer Herzpathologie.

- **LF/HF**   Normwert: 1,5 - 2,0
- **VLF**   Normwert: 581 - 1451

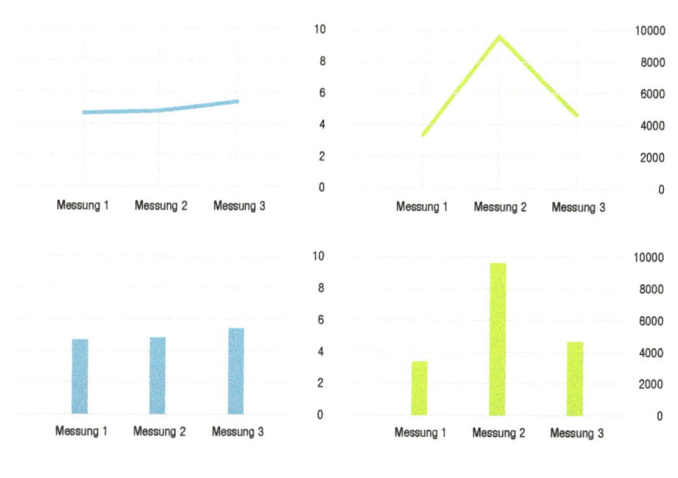

Energiewerte

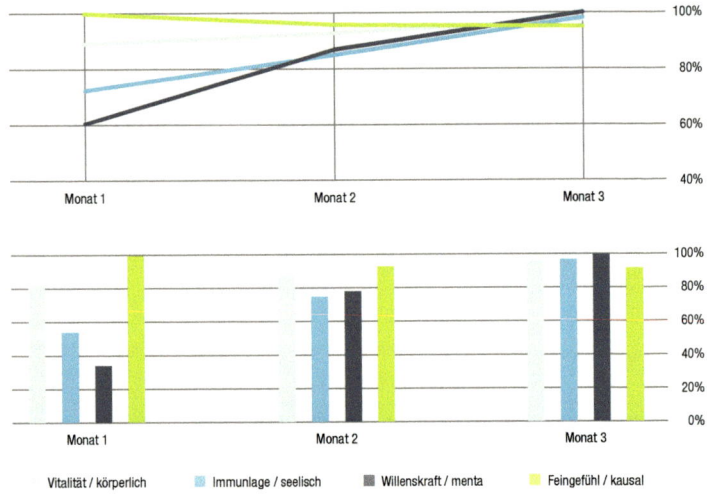

Vitalität / körperlich ■ Immunlage / seelisch ■ Willenskraft / menta ■ Feingefühl / kausal

Darmbefund

	Normbereich	Anfangswert		Endwert	
Nachweis von Bakterien aerob					
Escherichia coli	$10^6 - 10^7$	4×10^5		4×10^6	
Escherichia coli Biovare	$< 10^4$	$< 10^4$		$< 10^4$	
Proteus species	$< 10^4$	$< 10^4$		$< 10^4$	
Klebsiella species	$< 10^4$	$< 10^4$		$< 10^4$	
Pseudomonas species	$< 10^4$	$< 10^4$		$< 10^4$	
Enterobacter species	$< 10^4$	$< 10^4$		$< 10^4$	
Serratia species	$< 10^4$	$< 10^4$		$< 10^4$	
Hafnia species	$< 10^4$	$< 10^4$		$< 10^4$	
Enterococcus species	$10^6 - 10^7$	2×10^5		1×10^6	
Nachweis von Bakterien anaerob					
Bifidobakterium species	$10^9 - 10^{11}$	1×10^9		8×10^7	
Bacteroides species	$10^9 - 10^{11}$	$<10^7$		5×10^8	
Lactobacillus species	$10^5 - 10^7$	$<10^4$		4×10^4	
Clostridium species	$< 10^5$	$<10^5$		$< 10^5$	
Mykologische Stuhluntersuchung					
Candida species	$< 10^3$	$<10^3$		$< 10^3$	
Candida albicans	$< 10^3$	$<10^3$		$< 10^3$	
Schimmelpilze	negativ	negativ		negativ	
Geotrichum candidum	$< 10^3$	$<10^3$		$<10^3$	
Mykologische Stuhluntersuchung					
Farbe		braun		braun	
Konsistenz		breiig		breiig	
pH-Wert	6.0 - 6.5	5.0		7.0	
Mykologische Stuhluntersuchung					
Alpha 1-Antitrypsin	< 27,5	38,3		7,0	
Sekretorisches Immunglobulin (sIgA)	510 - 2040	4980,6		844,4	
Zonulin	< 55	78,76		10,50	
Florastatus					
Floraindex	< 3	10		6	

Aus den Befunden leitete ich folgende Diagnose ab:

Aktueller seelischer Konflikt, Ängste und tiefer Kummer, Dysbiose mit Leaky-Gut-Syndrom

Die orale Medikation bestand aus Chavita Nr. 4 2 x 7 Globuli, Emvita Nr. 15 2 x 5 Globuli, Anxiovita 4 x 5 Globuli, Simvita 4 x 5 Globuli, Neurovita. 4 x 5 Globuli. Zum Riechen verordnete ich Neroli-Öl und römische Kamille. Weiterhin erhielt der Junge 4 Wochen lang 2 x täglich 2 g OMNi-BiOTiC® 6, danach für 3 Monate 1 x täglich 2 g OMNi-BiOTiC® 6 und Allergosan Zink 100 Pro 1 x täglich 1 Kapsel abends.

Die Ernährung sollte gluten- und kuhmilchfrei erfolgen. Außerdem besprach ich mit ihm seine Ängste anhand der Zwergenmetapher.

Nach Aussagen der Mutter ging es ihrem Sohn unter der Behandlung zusehends deutlich besser:

Weniger Unruhe, gute Laune, weniger Diskussionen, gute Konzentration, gute Leistungen in der Schule. Er machte freiwillig und mit Freude seine Hausaufgaben, die dann nahezu fehlerfrei waren. Aus eigener Initiative machte er zusätzliche Rechtschreibübungen. Er war sehr verschmust, zeigte mehr Selbstbewusstsein und schlief besser ein. Der ganzen Familie geht es aktuell viel besser, weil ihr viel Streit, Stress und Diskussionen erspart bleiben und sie viel entspannter miteinander umgehen können.

Der Junge sagt selbst:

„Durch die Therapie geht es mir jetzt viel besser. Früher konnte ich mich in der Schule schlecht konzentrieren und nicht still sitzen. Ich konnte abends schlecht einschlafen und hatte oft Angst. Katja hat dann einen

Zwerg bei mir gefunden. Ich durfte kein Gluten und kein Kuhmilcheiweiß mehr essen und habe Kügelchen, Duftöl und ein Mittel für den Darm bekommen. Ich habe gefühlt, dass mir mein Spezialessen guttut. Seit ein paar Tagen ist der Zwerg weg und mir geht es richtig gut. Ich kann mich besser konzentrieren, mein Zeugnis ist auch besser und ich merke, dass ich viel ruhiger bin. Ich habe auch keine Angst mehr."

Die Endergebnisse der Behandlung: emotionaler Wert – 97 von 100, mentaler Wert – 100 von 100, Zonulin im Normbereich. Am Ende der Behandlung war der Junge unbeschwert, wieder motiviert und fröhlich. Er war außerdem weniger nervös, hatte keine Ticks mehr, der Harndrang hatte aufgehört und er konnte sich besser konzentrieren.

Gesamtergebnisse der Studie

Alle Kinder zeigten innerhalb der viermonatigen Behandlung eine sichtliche Verbesserung ihrer Verhaltensauffälligkeiten. Sowohl das vegetative Nervensystem als auch das Mikrobiom wurden stabilisiert, sodass eine körperliche und psychische Ausgeglichenheit erreicht wurde, die durch Testung, Laborwerte und Elternberichte belegt werden konnte.

Kind	Emotionaler Anfangswert 0-100 / höher ist besser	Emotionaler Endwert 0-100 / höher ist besser
1	71	99
2	71	97
3	60	94
4	31	86
5	35	82
6	72	90
7	54	97
8	33	93
9	54	80
10	43	90
11	52	96
12	54	95
13	34	97
14	62	91
15	61	91
Ø	52,47	91,87

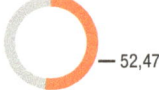 — 52,47

 — 91,87

Kind	Mentaler Anfangswert 0-100 / höher ist besser	Mentaler Endwert 0-100 / höher ist besser
1	53	95
2	52	96
3	51	96
4	75	87
5	54	84
6	80	92
7	34	100
8	27	91
9	21	81
10	35	91
11	32	97
12	40	94
13	42	97
14	64	90
15	63	92
Ø	48,20	92,20

 — 48,20
 — 92,20

Kind	Zonulinwert Anfangswert Normwert: < 55	Zonulinwert Endwert Normwert: < 55
1	116,08	28,51
2	183,4	10,09
3	30,98	45,7
4	110,34	19,75
5	157,39	35,58
6	39,27	28,66
7	78,76	10,5
8	54,83	64,4
9	58,5	35,7
10	26,45	8,8
11	69,64	24
12	113,32	63,79
13	36,89	64,5
14	75,99	4,24
15	108,13	15,8
Ø	84,00	30,67

 — 84,00
 — 30,67

Die Testergebnisse zeigen bei allen Patienten bereits nach vier Monaten eine deutliche Verbesserung der emotionalen und mentalen Werte sowie eine beginnende Regeneration des Mikrobioms. Bei drei Probanden erhöhte sich der Zonulinwert ein wenig, was darauf hindeutet, dass das Immunsystem noch nicht ausgeglichen ist.

Symptome vor der Behandlung

Kind	1	2	3	4	5	6	7	8	9	10	11	12	13	14	15
Bauchschmerzen	x	x	x	x					x		x	x	x	x	x
Schlafstörungen	x			x	x				x	x					
Konzentrationsmangel	x	x	x	x	x	x	x	x	x	x	x	x	x	x	x
Agressivität			x				x		x		x	x			x
Unruhe	x	x		x			x	x		x	x	x	x	x	
Angst	x		x	x	x	x	x	x	x	x	x	x	x		x
Traurigkeit	x		x	x			x	x	x		x	x	x		
Geistig abwesend													x		x
Hyperaktiv			x				x								

Symptome nach der Behandlung

Kind	1	2	3	4	5	6	7	8	9	10	11	12	13	14	15
Bauchschmerzen															
Schlafstörungen															
Konzentrationsmangel			(x)						(x)						(x)
Agressivität															
Unruhe															
Angst															
Traurigkeit									(x)						
Geistig abwesend															(x)
Hyperaktiv															

Diskussion

Verängstigt - Kummer, der zu Herzen ging   Gelöster Konflikt

In meiner ganzheitlichen Behandlung der Kinder unter Einbeziehung der Eltern gelang es mir, Vertrauen aufzubauen. Da ich die Kinder immer in den Prozess miteinbezog und sie so schulte, dass sie in der Lage waren, zu verstehen, was in ihnen passierte. Warum es so wichtig war, ihre Ernährung konsequent umzustellen und durchzuführen, kam das vegetative Nervensystem zur Ruhe und das Mikrobiom wurde wieder gestärkt und gefestigt.

Zur Erinnerung: Da über seelische Konflikte und Ängste der Darm belastet und geschwächt wird, kann er seinen Aufgaben nicht mehr nachkommen und wird auf Dauer in seiner Funktion gestört. Des Weiteren hat der Darm die Möglichkeit, über die Darm-

Hirnachse und das Immunsystem, mit dem Gehirn in Kontakt zu treten und so auch die Emotionen mit zu beeinflussen.

Diese Studie stellt jedoch nur den Anfang der Therapie dar. Um eine vollständige Ausheilung des Darms und ein optimales Immunsystem zu erreichen, ist eine Therapiedauer von bis zu einem Jahr erforderlich. Wichtig ist, dass die Kinder in den Momenten der Aggressivität oder Trauer von außen Halt bekommen, beispielsweise indem man sie in den Arm nimmt und ihnen sagt, wie lieb man sie hat. Das ist für die Eltern eine große Herausforderung, da die Aggressivität der Kinder oft zu Aggressivität bei den Eltern führt. Das ist jedoch ein Kampf, den man so nicht gewinnen kann. Für das Kind selbst bietet sich in solchen Situationen die Chance, eine neue Erfahrung zu machen, die ihm Vertrauen und Selbstbewusstsein gibt.

Viele Eltern wissen nicht, dass unter der Wut meistens Trauer und Schmerz liegt und dass ihre Kinder oft von dieser Trauer/ Schmerz abgeschnitten sind. So bleibt ihnen nur, ihre Aggressionen auszuleben.

Durch die Auflösung der seelischen Konflikte gelang es mir, die Angst aus dem System der Kinder zu entfernen, sodass sie wieder in ihre Mitte kamen, sich in sich selbst wohlfühlten, da ihre körperlichen Störungen sich verbessert hatten.

Nun konnten die Kinder ihren Alltag besser und konzentrierter meistern, hatten wieder Spaß an allen Aktivitäten, waren ausgeglichen, unbefangen und fröhlich.

Das Ergebnis dieser Kinderstudie zeigt, dass alle Kinder innerhalb der viermonatigen Studienzeit eine deutliche Verbesserung des allgemeinen Zustandes und ihrer Verhaltensauffälligkeiten zeigten. Diese Entwicklung wurde sowohl schriftlich durch die Eltern als auch durch Labortestungen belegt.

Dafür war es notwendig, die Kinder ganzheitlich zu behandeln und zu schulen und mit in den Prozess einzubeziehen, sodass sie verstehen konnten, was in ihnen passierte, und warum es notwendig war, ihr Verhalten und auch ihre Ernährung umzustellen.

Auch die Lehrer der Kinder bestätigten den Entwicklungsprozess. Nach ihren Angaben konnten sich alle Kinder mit der Zeit viel besser in der Schule konzentrieren, waren ruhiger, freundlicher, selbstbewusster und ausgeglichener.

Mein größter Wunsch ist es, dass sich dieses Konzept verbreitet, sodass eine Kooperation mit allen, die mit Kindern arbeiten, möglich wird. Mein Appell geht hiermit an Kinderärzte, Kindertagesstätten, Grundschulen und Fördereinrichtungen:

Bitte kontaktieren Sie mich und lassen Sie uns zum Wohle der Kinder gemeinsam eine Lösung finden. Ich helfe gerne weiter.

www.katja-weidemann.de

Hier ist ein Dankschreiben der Mutter, dessen Kind im zweiten Bericht vorgestellt wird, geschrieben nach einem Jahr konsequenter Therapie.

„Wir haben es geschafft! Nach einem knappen Jahr Therapie bei Frau Weidemann geht es unserem Kind, und damit der ganzen Familie, endlich wieder richtig gut.

Früher war unser Sohn unkonzentriert und zappelig, hatte Probleme in der Schule, war mal aufbrausend, mal ängstlich und kam innerlich nie zur Ruhe.

Er schlief schlecht und lief abends bis zu zehnmal zur Toilette. Weil wir ihm keine dämpfenden Medikamente geben wollten (Ritalin), suchten wir Alternativen und fanden sie bei Frau Weidemann.

Nach ihrer Testung stand fest: Es liegt einiges an Arbeit vor uns.

Innere/seelische Konflikte (für die Kinder liebevoll „Zwerge" genannt) und ein kaputter Darm machten ihm schwer zu schaffen. Die Konflikte, letztlich waren es drei, bekämpften wir nach Frau Weidemanns Anleitung mit homöopathischen Globuli, Duftölen und Entspannungsübungen. Der schlechte Darmbefund wurde zusätzlich von einem unabhängigen Labor bestätigt.

Dafür bekam unser Sohn Probiotika und wir stellten die Ernährung um: Ein Verzicht auf Gluten und Kuhmilcheiweiß war notwendig.

Das schien schwierig. Als Köchin der Familie habe ich aber festgestellt, dass sich viele Speisen mit kleinen Tricks und ohne großen Aufwand auch gluten- und kuhmilchfrei herstellen lassen, ohne dass man einen Unterschied schmeckt.

Da möchte ich anderen Eltern unbedingt die Scheu nehmen, das lernt man schnell. Unser Kind hat diszipliniert mitgearbeitet, weil er sich schon bald besser fühlte. Nach einem knappen Jahr sind nun alle Konflikte aufgelöst und die Zwerge ausgezogen. Der Darm ist nachweislich wieder in Ordnung, unser Kind ist ausgeglichen und fröhlich und die Verhaltensauffälligkeiten sind verschwunden. Er ist sehr stolz auf sich, dass er das geschafft hat.

Die Mühe hat sich gelohnt!"

Literatur /Quellenangaben:

- » www.vitalstoffmedizin.com/probiotika/escherichia-coli.html
- » www.naturheilpraxis-hollmann.de/Candida.htm
- » www.symptome.ch/vbboard/pilzerkrankungen/73893-geotrichum-candidum.html
- » www.wissen.de
- » www.vitalstoffmedizin.com/probiotika/bifidobacterium-longum.html
- » www.vitalstoffmedizin.com/probiotika/bifidobacterium-infantis.html
- » www.omni-biotic.com/at/produkte/omni-bioticr/omni-bioticr-6/
- » Good Health Ausgabe 7/ 2015
- » allergosan.at/index.php/de/vitalstoffe/allergosan-zink-100-pro
- » Der Spiegel Wissen, Leben mit Allergie Nr. 2, 2014
- » Voll fertig! Bin ich nur müde oder schon krank? Dr. med Klaus Erpenbach // Heike Schröder ISBN 978-3-86731-178-6
- » Vak Verlag - Verwundete Kinderseelen Heilen von Peter A. Levine, Maggie Kline, Kösel Verlag, ISBN 9783466 306848
- » Gesunde Ernährung von Anfang an, Verbraucherzentrale ISBN 978-3-922940-28-9
- » Der kluge Bauch Die Entdeckung des zweiten Gehirns, Michael Gershon Goldmann Verlag, ISBN 3-442-15114-7
- » Grundformen der Angst, Riemann, Reinhardt Verlag, ISBN 978-3-497-00749-3
- » Heile dein Kind an Körper und Seele, Dr. med. Götz

Blome, Bauer Verlag, ISBN 3-7626-0480-0

» Naturheilkunde für Kinder, Friedemann Garvelmann, Susanne Alber-Jansohn, AT Verlag, ISBN 978-3-03800-479-0

» Scheiss Schlau Wie eine gesunde Darmflora unser Gehirn fit hält, Dr. David Perlmutter, Mosaik Verlag, ISBN 978-442-39297-1

» Haut und Lymphsystem-Bastionen der Immunkraft, Rosina Sonnenschmidt, Narayana Verlag, ISBN 9-783941-706125

» Lehrbuch Psychosomatische Energetik, ISBN 978-3-8304-7864-5 (Print)

» Neue Lebenskraft durch Energiemedizin, 10 farbige Fotos, 6 Abbildungen, Autor: Dr. med. Reimar Banis, ISBN: 978-3-86616-345-4

» Lesebuch der Psychosomatischen Energetik Band 5, ISBN 978-3-7386-7233-6

» Durch Energieheilung zu neuem Leben, Autor: Dr. med. Reimar Banis, ISBN: 3936486158

» Heilung durch Energiemedizin, Autor:Dr. med. Reimar Banis, ISBN: 3866162154

» Wie wirkt Psychosomatische Energetik, Autor: Dr. med. Ulrike Banis, ISBN: 3867310726

» Schulungsunterlagen der Firma Allergosan AT

» Schulungsunterlagen der Frau Dr. Güdel mit Unterlagen aus der PSE Box

» Schulungsunterlagen, Befunde und Laboranalysen der Firma Biovis, Limburg Offheim

» Gerät und Unterlagen Vitascanning Valeom

Auf den folgenden Seiten finden Sie noch Erfahrungs-
berichte von Eltern, die mit ihren Kindern zu mir in die
Praxis gekommen sind, in ihren eigenen Worten.

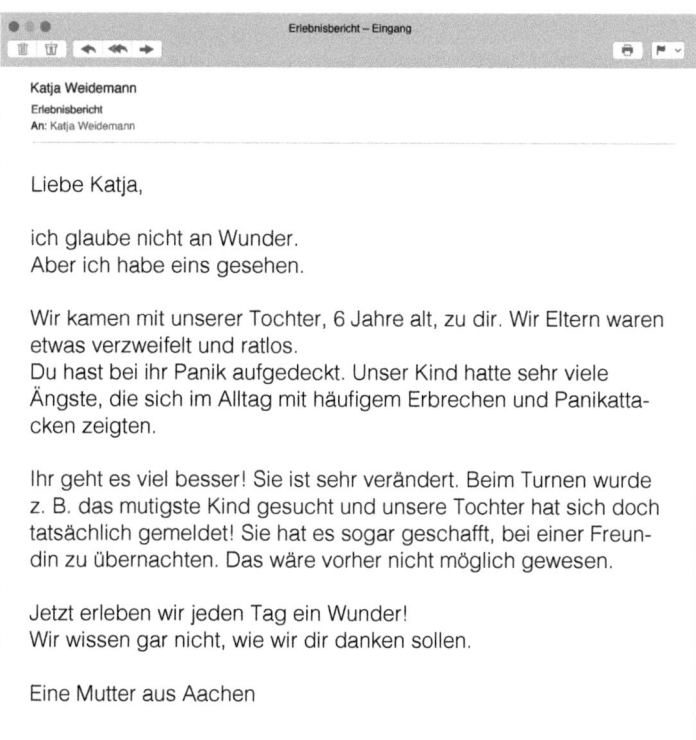

Liebe Katja,

ich glaube nicht an Wunder.
Aber ich habe eins gesehen.

Wir kamen mit unserer Tochter, 6 Jahre alt, zu dir. Wir Eltern waren
etwas verzweifelt und ratlos.
Du hast bei ihr Panik aufgedeckt. Unser Kind hatte sehr viele
Ängste, die sich im Alltag mit häufigem Erbrechen und Panikattacken zeigten.

Ihr geht es viel besser! Sie ist sehr verändert. Beim Turnen wurde
z. B. das mutigste Kind gesucht und unsere Tochter hat sich doch
tatsächlich gemeldet! Sie hat es sogar geschafft, bei einer Freun-
din zu übernachten. Das wäre vorher nicht möglich gewesen.

Jetzt erleben wir jeden Tag ein Wunder!
Wir wissen gar nicht, wie wir dir danken sollen.

Eine Mutter aus Aachen

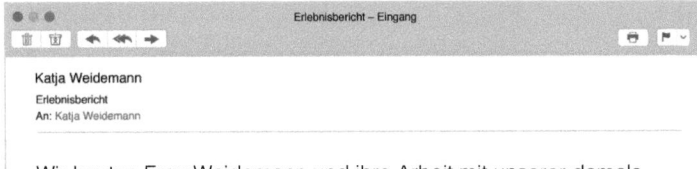

Katja Weidemann
Erlebnisbericht
An: Katja Weidemann

Wir lernten Frau Weidemann und ihre Arbeit mit unserer damals vierjährigen Tochter E. (heute ist sie 11 Jahre alt) kennen und schätzen.

Unsere Tochter hatte rote Flecken im Gesicht und am Hals! Es wurden diverse Tests, Stuhl- und Urinuntersuchungen gemacht, aber organisch war sie gesund. Die Kinderärztin sagte, sie könne sehen, dass es E. nicht gut ginge. Sie könne ihr aber mit ihren Methoden nicht helfen und wir sollten uns nach alternativen Heilmethoden umschauen.

In einer Zeitung fand ich die Werbung von Frau Weidemann und vereinbarte einen Termin. Frau Weidemann erklärte E. sehr ausführlich und kindgerecht das eventuelle Vorhandensein von „Zwergen". Im Gespräch berichtete unsere Tochter Frau Weidemann, dass sie sich im Kindergarten nicht wohlfühle, da ihre zwei besten Freundinnen nach Berlin ziehen würden und sie dann ganz allein in der Gruppe sei und davor Angst habe.

Bei Frau Weidemann konnte E. die von uns allen ungesehene Angst ansprechen und in Angriff nehmen. Sie bekam Kügelchen und es ging ihr stetig besser. Die roten Flecken verschwanden recht schnell und aus unserer Tochter wurde erneut das selbstbewusste tolle Mädchen ohne Angst!

Ab diesem Zeitpunkt besuchten sowohl E. als auch ich Frau Weidemann regelmäßig.
E. spürt durch die tolle Arbeit heute selbst, wenn sie einen Konflikt (= Zwerg) in sich trägt und bittet mich dann, erneut einen Termin zu vereinbaren.

Unsere Tochter ist durch Frau Weidemanns Arbeit noch sensibler und stärker geworden und im Umgang mit sich und anderen sehr feinfühlig.

Unsere gesamte Familie schätzt und liebt Frau Weidemanns Arbeit – den Kinderarzt benötigen wir nur noch für U-Untersuchungen. :)

Eine Mutter aus Aachen

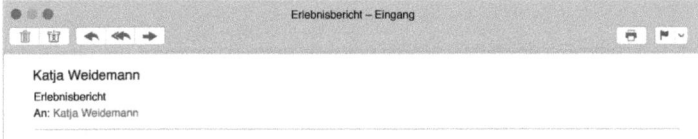

Katja Weidemann
Erlebnisbericht
An: Katja Weidemann

Wir kannten Frau Weidemann schon aus eigener Erfahrung und waren dann mit unserem Sohn bei ihr in Behandlung, als er 1-2 Jahre alt war.

Unser kleiner Sohn hatte alle 4-6 Wochen einen Infekt, der mit einer Mittelohrentzündung einherging und stets vom Kinder- bzw. Hals-Nasen-Ohren-Arzt mit Antibiotikum behandelt wurde. Für uns und unser Kind eine sehr unbefriedigende Situation, die darin begründet lag, dass bei Kindern 12 Infekte im Jahr normal sind.

Beim ersten Gespräch mit Frau Weidemann gingen wir erst einmal auf die allgemeine Situation unserer Familie ein. Als unser Sohn zunächst nicht bei der Behandlung mitmachen wollte (er fremdelte), war das kein Problem und wir konnten einfach nochmal kommen. Beim zweiten Mal klappte es dann auch ganz ohne Zwang.

Katja Weidemann führte sowohl eine PSE-Testung durch als auch eine Kontrolle des Stuhlgangs (durch ein Labor). Wir bekamen dann Kügelchen zur Behandlung der unbewussten Angst und eine Unverträglichkeit von Kuhmilch als Diagnose. Die Kuhmilch konnten wir ganz easy durch Soja- oder Reismilch ersetzen und auch das Verabreichen der Kügelchen konnte ohne Probleme im Alltag stattfinden.

Frau Weidemann hatte bei der Testung festgestellt, dass unser Sohn Panik/Angst hatte durch einen Kitabesuch ab 6 Monaten (Verlustangst). Nach der beschriebenen Behandlung war unser Sohn selbstbewusster und die Angst war weg. Unser Sohn ist jetzt 2,5 Jahre alt und hatte in den letzten sechs Monaten keinen einzigen Infekt mehr, auch Kuhmilch kann er jetzt wieder ganz normal trinken.

Wir sind sehr happy mit der Behandlung bei Frau Weidemann und schätzen vor allem, dass sie sehr einfühlsam ist und auf die Kinder eingeht.

Eine Mutter aus Köln

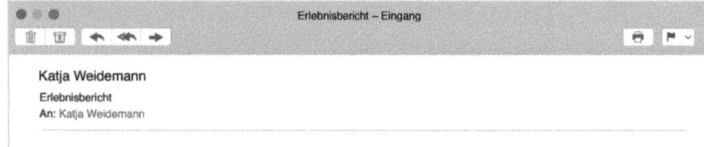

Der Brief einer Mutter aus Antwerpen wird nachfolgend so original-
getreu wie möglich, zumindest jedoch sinngemäß wiedergegeben:

Liebe Katja,
Ich freue mich, dir zu schreiben und zu sagen, dass es meiner
Tochter jetzt wirklich gut geht.

Ich war vor drei Jahren bei dir. Damals war meine Tochter 15
Jahre alt.
Sie hatte Panikattacken und es wurde immer schlimmer und
schlimmer.
Ich hatte es mit einem Psychologen probiert , aber nach eine paar
Monaten hatte die Behandlung immer noch nicht geholfen, nur viel
Geld gekostet. Also sind wir nicht mehr dorthin gegangen.

Es gibt an der Schule meiner Tochter eine Schulpsychologin, und
wer ein Problem hat, kann mit ihr reden. Meine Tochter war bei ihr,
beinahe jeden Tag!

Und dann bekam ich einen Anruf von der Schule. Ich müsse mit
meinem Mann zu einem Gespräch kommen. Und sie haben mir
gesagt, dass ich ernster mit meiner Tochter werden müsse, weil
es so nicht mehr ginge. Sie hatte eine Panikattacke in der Klasse
gehabt. Das wäre so für sie und die anderen Schülerinnen nicht
mehr tragbar.

Ich bin dann zu meinem Hausarzt gegangen und habe ihn gefragt:
„Was kann ich noch tun???"
Er hat mir gesagt, dass er dich kennengelernt hat und dass deine
Arbeit wunderbar sei. Er glaubte, dass nur du ihr noch helfen
könntest!

Also, habe ich einen Termin gemacht und wir sind voller Hoffnung
zu dir gekommen.
Nach vier Monaten war meine Tochter eine neue Person!
Ruhig, zufrieden, und vor allem ohne Panikattacken!
Ich konnte es nicht glauben!
Wir haben so viel gelitten, und dann ... BAM, ausgeheilt!

Ich habe gesehen, dass es gut war, dass ich und mein Mann zu dir gekommen sind, auch für meine anderen Kinder.

Ich habe ein paar Sachen zu sagen, und zwar den Menschen, die noch Zweifel haben:
1) GEDULD! Es wirkt, aber du musst Geduld haben, bis die Flaschen leer sind.
2) Es ist kein Panadol, was du einnimmst und die Schmerzen gehen sofort weg.
Nein, es ist eine Prozedur, und du musst Geduld haben bis zum Ende!
3) Die Tropfen jeden Tag einnehmen! Anders hilft es nicht!
4) Wenn etwas ist, musst du Katja kontaktieren und um Hilfe bitten. Dann kann sie die Tropfen regulieren und dann geht es wieder besser!

Katja, ich danke dir aus tiefstem Herzen, dass du mir so geholfen hast.
Und dadurch haben wir eine neue Freundschaft gewonnen!

Ich hoffe, dass du mit der PSE noch vielen Kindern und Erwachsenen helfen kannst. Dann wird die Welt ein schönerer und besser Ort sein!

DANKE

Eine belgische Mutter aus Antwerpen

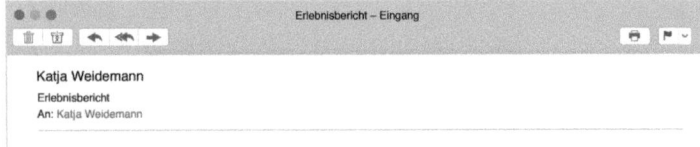

Katja Weidemann
Erlebnisbericht
An: Katja Weidemann

Durch eigene gesundheitliche Probleme habe ich Frau Weidemann kennen und schätzen gelernt. Die Behandlungen haben mir bis heute immer sehr geholfen.

Mein Sohn L. hatte leider schon im frühen Alter viel mit Ärzten zu tun: Ergotherapien wegen der Motorik, mit 5 Jahren Blinddarmentfernung, mit 7 Jahren verlor er im Hort durch einen Unfall seinen ersten bleibenden Frontzahn und später wurden ADHS und LRS diagnostiziert. Dafür erhielt L. Ritalin.

Er war ein sehr zurückgezogenes, lustloses und ängstliches Kind. L. war Einzelgänger und hatte auch keine Freunde. Er kam dadurch auch mit seinen Schulkameraden schlecht zurecht.

Als mein Kind 14 Jahre alt war, entschloss ich mich, ihn Frau Weidemann einmal vorzustellen.
Mit ihrer sehr einfühlsamen Art hatte sie schnell einen guten Zugang zu meinem Sohn gefunden, testete ihn und erklärte ihm kindgerecht seinen Konflikt.

Mithilfe der Therapie konnten wir schon nach kurzer Zeit eine große Verbesserung feststellen. Das Kind war wie ausgewechselt. Die Angst war wie von Zauberhand verschwunden. Er ging jetzt auf andere Kinder zu und äußerte auch seine Meinung, wenn ihm etwas nicht gefiel.

Wir haben ab diesem Zeitpunkt regelmäßig seelische Konflikte aufgelöst, sein Immunsystem über die Darmbehandlung stabilisiert und die Entzündungen behoben.
Dank der Ausheilung seiner gestörten Darmflora konnten die Vitamine, Mineralstoffe und Spurenelemente vom Darm wieder richtig aufgenommen werden.

Gleichzeitig wurden seine Ängste aufgelöst, die durch einen seelischen Konflikt entstanden waren.
Durch die ganzheitliche Therapie aus allen Bereichen konnten wir die Diagnose ADHS auflösen. L. wurde dadurch ruhiger, ausgeglichener und konnte sich besser konzentrieren. Das Ritalin brauchte er nicht mehr nehmen.

Ich kann nur allen Eltern dazu raten, sich bei Frau Weidemann Hilfe für sich und ihre Kinder zu holen.

Ich habe heute einen sehr aufgeschlossenen und selbstständigen Sohn von 25 Jahren.

Eine glückliche Mutter aus Aachen

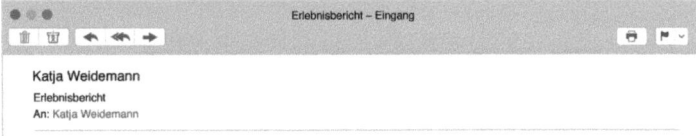

Im Oktober 2015 erfuhr und hörte ich das erste Mal von der Heilpraktikerin Katja Weidemann.
Das, was ich erzählt bekam, interessierte mich und ich wollte unbedingt mehr über Ihre Arbeit mit Kindern und Erwachsenen erfahren. Auf ihrer Internetseite las ich mehr über sie und ihre Referenzen; ich rief sie an und vereinbarte einen Termin.

Bei diesem ging es in erster Linie um meine Tochter.
Schon länger war ich für sie auf der Suche nach einer guten Alternative zur Schulmedizin.
Im Kiga-Alter kurz vor der Einschulung wurden Defizite festgestellt. Schnell wurde klar: Meine Tochter sollte ergotherapeutisch begleitet werden.

Nach der Einschulung wurde vom SPZ die Einnahme von Medikinet angeraten. Lange verweigerte ich die Medikation, doch große schulische Probleme stellten sich ein.
Hin- und hergerissen stimmte ich später zu.

Entwicklungsverzögerungen wurden deutlicher, mein Kind veränderte sich.
Schulisch und im Alltag wurden die Hürden immer größer.
Meine Tochter wurde traurig, weinte viel, kam sich als Versager vor und fragte mich: „Warum bin ich so zur Welt gekommen?". Sie wurde wütend und aggressiv.

Der erste Termin bei Katja Weidemann öffnete meiner Tochter die Tür, wieder glücklich zu werden und frohen Mutes Dinge, die sie vorher nicht konnte, anzugehen und sie selbstsicher und selbstbewusst zu meistern.

Nach einer Testung war für Katja klar, was meiner Tochter fehlte und was mit ihr los war.
Dass sie blockiert war von Ängsten, zu ängstlich, um sich selbst oder anderen zu vertrauen. Dasselbe galt für das Vertrauen in das Leben.

Während der Energietherapie wurden ihr die Angst und der Kummer genommen.
Ihre schulischen Leistungen wurden viel besser, Lehrer bemerkten

eine große Veränderung in der Konzentration und in ihrer Persönlichkeit. Meine Tochter (20 J.) ist heute glücklich.

Parallel zu meiner Tochter begannen damals mein Sohn (17 J.) und ich mit der Energietherapie.
Überglücklich kann ich heute sagen: Das war eine sehr gute Entscheidung und das Beste, was uns passieren konnte.

Für meine Kinder und mich persönlich ist Katja Weidemann wie ein Lottogewinn!
Liebe Katja, wir schätzen Dich und deine Arbeit sehr!

Von Herzen Dankeschön von einer Mutter aus Stolberg

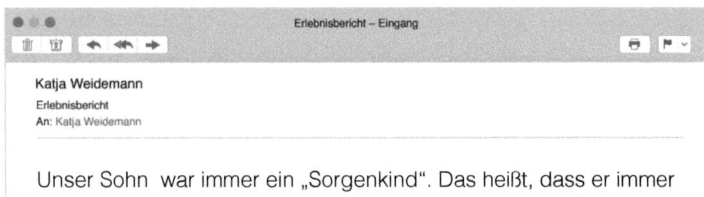

Katja Weidemann
Erlebnisbericht
An: Katja Weidemann

Unser Sohn war immer ein „Sorgenkind". Das heißt, dass er immer schwer zu handeln war und einen ganz starken eigenen Willen hatte. Mit 10 Jahren wollte er nicht mehr leben, weil er die Idee hatte, dass wir ihn nicht wollten. Wir haben dann versucht, mit ihm zu einem Psychologen zu gehen. Das war für eine kurze Zeit eine Lösung, aber nicht für lange. In der Schule war das auch nicht einfach, weil er intelligent ist und da so durchwanderte aber nicht lernen wollte und sich nicht konzentrieren konnte.

Letztendlich sind wir dann, als er 13 Jahre alt war, zu Katja Weidemann gekommen und sie hat konstatiert, dass er nicht mit den Füßen auf dem Boden stünde oder schwebte (nicht geerdet war) oder nicht still sitzen könne. In Katjas Beschreibung war es der Zwerg „Benji".

Als er von der ersten Behandlung von Katja kam, sagte er das erste Mal in seinem Leben: „Diese Dame versteht mich."

Nach 8 Monaten in Behandlung bei Katja Weidemann hat er sich phänomenal geändert! Seine Füße stehen jetzt meistens am Boden und er ist viel mehr da, präsenter. Mental ist er viel stärker. Eine ganz andere Person!

Eine belgische Mutter aus Antwerpen

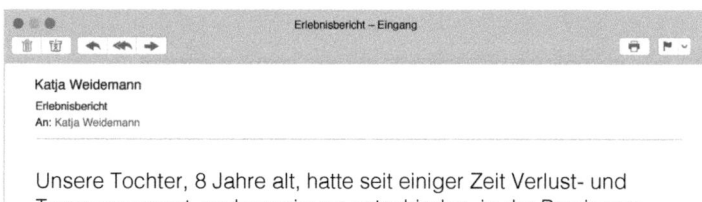

Unsere Tochter, 8 Jahre alt, hatte seit einiger Zeit Verlust- und Trennungsangst, sodass wir uns entschieden, in der Praxis von Katja Weidemann auf Zwergensuche zu gehen.

Da unser Sohn, 5 Jahre alt, in letzter Zeit auffällig schlecht gelaunt war und bei jeder Kleinigkeit motzte, entschieden wir uns, auch ihn mit zu testen.

Das Ergebnis war, dass beide den Herz-Zwerg Emma (Panik) haben und er bei unserem Sohn noch viel stärker ausgeprägt ist, als bei unserer Tochter.

Das hätten wir nicht gedacht und sind sehr froh, dass wir bei unserem Sohn ebenfalls auf Zwergensuche gegangen sind, denn seine Angst wäre uns so in der Form – die ungesehene Angst –nicht aufgefallen.

Nach nun mittlerweile 4-wöchiger Therapie sehen wir schon eine deutliche Entwicklung: Unsere Kinder sind schon wieder deutlich ausgeglichener, fröhlicher und selbstbewusster.

Eine Mutter aus Bergisch Gladbach

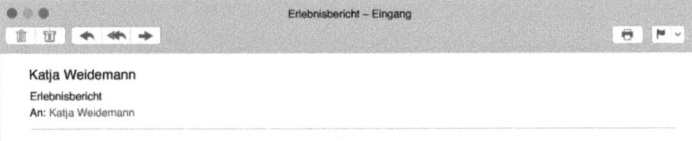

Es begann ja eigentlich alles damit, dass unsere damals neunjährige Tochter starke Konzentrationsschwierigkeiten in der Schule hatte.

Alle Ärzte und Diagnosen, die wir bis dahin bekommen hatten, sagten, dass sie ADS hätte, um es kurz zu fassen. In einer Therapie sollte dann überlegt werden, wenn sich dies nicht änderte, dass der letzte Ausweg Ritalin sei. Das kam aber für meine Frau und mich damals überhaupt nicht infrage. Da wir dieser Diagnose auch keinen Glauben schenken wollten, suchten wir fieberhaft nach einer Lösung.

Nach langem Hin und Her sind wir dann an Dich gekommen. Als wir damals mit unserer Tochter zu Dir kamen, war das für uns die Rettung im wahrsten Sinne des Wortes nach all dem, was wir schon mit ihr durchlebt hatten. Wir hätten nie gedacht, dass es so gut und vor allem einfach funktionieren kann, und waren sehr überrascht, als Du uns Dein Konzept, die Angst der Kinder in Form von Zwergen zu beschreiben, vorgestellt hast. Was vor allem verblüffend war, ist, dass unsere Tochter genau den Zwerg selbst aus all den verschiedenen Bildern rausgesucht hatte, den Du dann festgestellt hast. Als Eltern unterschätzt man oft die ungesehene Angst der eigenen Kinder. Da man diese nicht greifen kann, ist es für viele schwierig, damit umzugehen. Durch Dich fällt es leicht, diese Dinge zu bewältigen.

Wir fingen also mit einer Ernährungsumstellung und der Einnahme verschiedener Globuli an. Schon nach wenigen Wochen zeigte unsere Tochter wunderbare Erfolge. Es fing damit an, dass sie plötzlich in der Schule folgen konnte, bessere Noten mit nach Hause brachte … Deine Arbeit hat so viel Wert und das Wissen, was Du uns immer wieder bei den Besuchen mitgegeben hast, ist einfach stark. Auch wenn wir zwischendurch glaubten, es würde wieder schwieriger, hast Du uns Halt und Tipps gegeben, wie wir es wieder in die richtige Richtung bringen können.

Mit den Zwergen zu arbeiten hat vor allem auch unserer Tochter geholfen. Es ging ihr viel leichter von der Hand, ihre Angst so zu beschreiben und uns Informationen zu geben, die wir selber auch verarbeiten konnten.

Ich finde es toll, dass Du so eine Methode entwickelt hast, die den Kindern enorm hilft, ihre Ängste zu überwinden und mit ihnen klarzukommen. Wir hoffen sehr, dass Dein Buch den erwünschten Erfolg bringt und vielen Kindern geholfen werden kann. Es sollte jedem klar sein, dass dies ein sehr einfacher und klarer Weg ist, seinem Kind zu helfen. Es muss einfach nur offen kommuniziert werden, welche Möglichkeiten man hat, wenn das eigene Kind in solch eine Situation gelangt. Den Schlüssel für diese Antworten hast Du, denn Du bist die erfahrene Person, die das schon bei so vielen gesehen hat und helfen konnte.

Ganz liebe Grüße,
ein Vater aus Kerpen

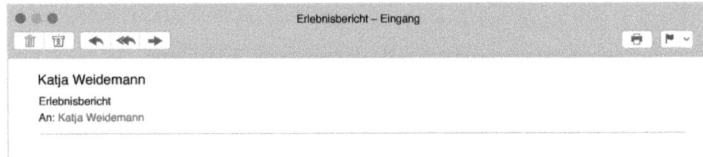

Als unser Sohn 5 Jahre alt war, beschlossen mein Mann und ich, in die Niederlande umzuziehen. Für unser Kind war dies unerträglich und verursachte in seinem System so viel Stress, dass wir Zuhause nicht über den Umzug sprechen durften.

Er war zu der Zeit ein sehr introvertierter Junge, der mit neuen Situationen sehr schwer oder gar nicht umgehen konnte (z. B. versteckte er seinen Kopf regelmäßig hinter meinem Rücken unter meinem Shirt, wenn ich mich mit anderen Menschen unterhielt).

Mit dem Umzug und unserem Sohn standen wir nun regelrecht vor einem großen Dilemma. Zum Glück kannte ich die Arbeit von Frau Weidemann und hatte selber schon einige Konflikte bei ihr mit der PSE gelöst.

Daraufhin ging ich mit meinem Sohn zu ihr, und sogleich testete sie aus, dass seine Seele „Panik" schrie. Er sollte einen Monat lang die Globuli nehmen, die das Thema wieder neutralisieren. Es war ein wahres Wunder, als wir dann ohne jegliche Probleme und Vorkommnisse mit unserem Sohn umziehen konnten. Noch dazu in ein anderes Land, wo er die Sprache komplett neu erlenen musste.

Mein Mann und ich haben uns damals entschlossen, unser Kind weiter bei Frau Weidemann behandeln zu lassen, um den Start in seinem „neuen" Leben so einfach wie möglich zu gestalten. Schon nach einem Jahr war er einer der Besten in der Klasse (obwohl er die Sprache gerade erst gelernt hatte) und fiel den Lehrern durch sein soziales und aufmerksames Verhalten auf. Schnell war er integriert und führt bis heute ein freies, freudvolles Leben mit vielen Freunden.

Ich staune oft noch über seinen Umgang mit anderen Erwachsenen, seine deutliche Ausdrucksweise und Ehrlichkeit. Dank der PSE und Frau Weidemanns Arbeit ist er ein Kind geworden, welches gut in sich selbst verwurzelt ist. Dies ist ein wahres Wunder verglichen mit der Ausgangssituation.

Vielen ewigen Dank☒
Eine Mutter aus den Niederlanden

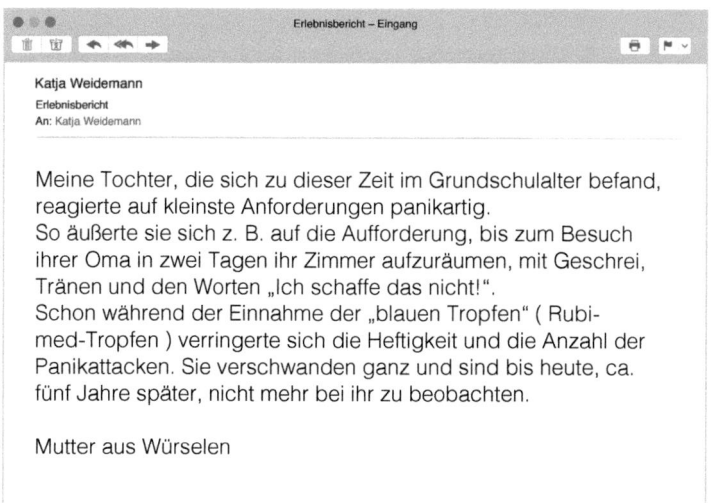

Katja Weidemann
Erlebnisbericht
An: Katja Weidemann

Meine Tochter, die sich zu dieser Zeit im Grundschulalter befand, reagierte auf kleinste Anforderungen panikartig.
So äußerte sie sich z. B. auf die Aufforderung, bis zum Besuch ihrer Oma in zwei Tagen ihr Zimmer aufzuräumen, mit Geschrei, Tränen und den Worten „Ich schaffe das nicht!".
Schon während der Einnahme der „blauen Tropfen" (Rubimed-Tropfen) verringerte sich die Heftigkeit und die Anzahl der Panikattacken. Sie verschwanden ganz und sind bis heute, ca. fünf Jahre später, nicht mehr bei ihr zu beobachten.

Mutter aus Würselen

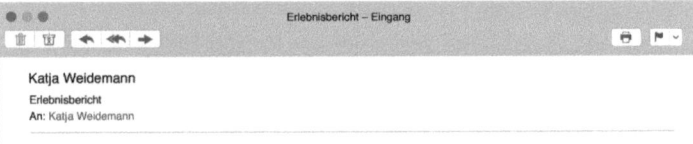

Katja Weidemann
Erlebnisbericht
An: Katja Weidemann

Als Mutter möchte man für seine Kinder nur eines: dass sie gesund und glücklich sind. Sind sie es nicht, versucht man, dies zu ändern. Und dann stellt sich die Frage: Wohin kann ich mich wenden? Wer kann helfen? Jemanden zu finden, der das kann, ist nicht so einfach, wenn es sich um Ängste handelt.

Ich, 41 Jahre, habe zwei Kinder, eine Tochter von 15 Jahren und einen Sohn von 8 Jahren. Beide litten unter Ängsten und wurden teilweise von ihnen beherrscht. Ich selbst litt unter Panikattacken, die mich regelrecht lähmten. Die Situation wurde unerträglich und so suchte ich Rat und Hilfe bei einer Heilpraktikerin.

Mein Sohn konnte nachts nicht mehr durchschlafen. Jede Nacht rief er mich oder wollte in mein Bett. Er hatte Angst, dass jemand einbricht und ihn mitnimmt. Außerdem hatte er Höhenangst: Er konnte keine offene Treppe alleine gehen. Nur an der Hand fühlte er sich sicher. Er fiel ständig über seine eigenen Füße, lief regelmäßig irgendwo gegen und war motorisch etwas verzögert entwickelt. Auch hatte er Probleme mit der Aufmerksamkeit und der Konzentration. Die Heilpraktikerin testete ihn aus, und es zeigte sich, dass seine Körperwahrnehmung gestört war. Er bekam homöopathische Komplexmittel und die Ernährung wurde umgestellt (Verzicht auf Gluten und Kuhmilch).

Innerhalb weniger Wochen erkannte ich meinen Sohn nicht mehr wieder. Schon innerhalb einer Woche schlief er nachts durch. Die Albträume blieben aus bis heute, ein Jahr später. Die motorische Entwicklung nahm rasant zu. Er fiel nicht mehr über seine eigenen Füße und lief nirgendwo mehr gegen. Die Konzentration nahm zu und plötzlich verschwand auch seine Höhenangst.

Bei meiner Tochter war die Angst subtiler: Bei ihr drehten sich die Gedanken im Kreis. Sie konnte nicht aufhören zu denken. Nachts schlief sie immer schlechter. Oft konnte sie nicht einschlafen oder durchschlafen, oder sie wachte zu früh auf. Und wenn ich mit dem Auto unterwegs war, dann sollte ich immer Bescheid geben, wenn ich angekommen war. Sonst hätte sie keine Ruhe gehabt.

Bei ihrer Testung kam heraus, dass sie alles kontrollieren musste. Und wenn sie eine Situation nicht kontrollieren konnte, entstanden die Angst und die sich im Kreis drehenden Gedanken. Sie bekam zur Behandlung ebenso die homöopathischen Komplexmittel und auch ihre Ernährung wurde umgestellt. Die Gedanken wurden weniger, der Schlaf wieder besser und sie konnte endlich wieder lachen.

Meine Panikattacken behandelte die Heilpraktikerin ebenfalls homöopathisch und mit einer Ernährungsumstellung. Es dauerte keine vier Wochen und die Panikattacken blieben aus. Sie sind bis heute nicht zurückgekehrt. Und das einfach durch Homöopathie und Ernährungsumstellung. Ich hatte schon die Tabletten zu Hause liegen, vom Hausarzt verschrieben. Aber ich brauchte sie nicht nehmen. Alles ließ sich sanft regulieren.

Eine Mutter aus Stolberg

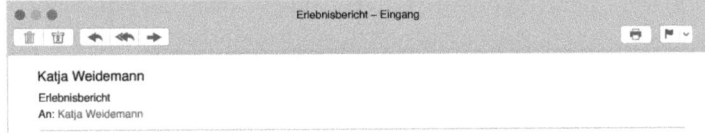

Katja Weidemann
Erlebnisbericht
An: Katja Weidemann

Unser Sohn war 13 Monate, als wir Katja Weidemann und ihr Zwergenkonzept kennenlernten. Eigentlich war M. ein ganz normales und gesundes Kind – der Kinderarzt und auch Freunde und Familie sahen bei uns keine wirklichen Probleme und konnten unsere Ratlosigkeit nicht so ganz nachvollziehen. Unsere Themen seien „normal" – jeder hätte mit dem einen oder anderen Problem mehr oder weniger zu tun. Wir müssten halt geduldig sein und uns nicht ein krankes Kind einreden.
Bauchschmerzen, Koliken, Verstopfung, Kuhmilchunverträglichkeit, Schlafthematiken (schwer im Kinderwagen einschlafen, kurze Mittagsschläfe, immer wieder nachts aufwachen und weinen), viel Bedarf nach Körperkontakt, grobmotorisch langsamer als die anderen (eigenständiges Sitzen mit 12 Monaten), hingegen feinmotorisch sehr pfiffig … und viel, viel Weinen ließen über die Monate unsere Energie immer mehr sinken und unsere Nerven waren angespannt.

Natürlich war M. nicht sichtlich krank – das war uns bewusst und dafür sind wir auch sehr dankbar. Trotzdem sagte uns unser Gefühl, dass das alles nicht normal sein könne. Jedes Kind ist anders und man soll nicht vergleichen – aber das konnte einfach nicht normal sein. Sonst hätten viele sicherlich kein zweites Kind mehr bekommen, wenn man nur an seiner Belastungsgrenze ist.
Durch Zufall wurde uns Katja Weidemann empfohlen und das Konzept hörte sich direkt interessant und spannend an. Warum es nicht einfach versuchen? Zu verlieren hatten wir nichts.
Zum Glück bekamen wir schnell einen Termin und Frau Weidemann nahm sich sehr viel Zeit. Sie fragte detailliert, hörte sich alles an und vermittelte uns das Gefühl, verstanden zu werden. Das tat gut, denn die meisten Ärzte hatten uns eher als überempfindlich dargestellt.

Nachdem Frau Weidemann den Energie-Check gemacht hatte, bekamen wir die Bestätigung für unser Gefühl: Unser kleiner Sohn litt unter Panik, die immer wieder Stress verursachte und die beschriebenen Symptome auslöste. Wir bekamen homöopathische Globuli, eine vorläufige Ernährungsumstellung und benötigten weiterhin Geduld.

Die Behandlung ging knapp 5 Monate und natürlich war auch diese Zeit nicht immer rosig. Vor allem die Ernährungsumstellung kostete neben Wissensaneignung, Konsequenz und Geld vor allem Zeit, da vieles selbst gemacht werden musste. Und die Ausleitung des Konfliktes hat auch das ein oder andere Symptom erst einmal verstärkt. Aber am Ende können wir sagen: Die Geduld, die Zeit, das Durchhaltevermögen und das Geld haben sich ausgezahlt und gelohnt.

Unser Sohnemann hat keines der oben genannten Symptome mehr. Die Bauchschmerzen, die uns seit der Geburt begleitet haben, sind weg. Er kann sich viel besser abgrenzen und abschalten und dadurch schläft er wesentlich besser. Natürlich weint er immer mal wieder, aber er ist wesentlich entspannter geworden.
Wir sind dankbar und glücklich, dass wir auf unser Gefühl gehört und nicht aufgegeben haben –auch wenn manche meinten, dass wir uns das alles nur eingeredet hätten.
Und unser Leben zu dritt ist einfacher und leichter geworden – und das ist das Allerwichtigste.

Eine Mutter aus Köln

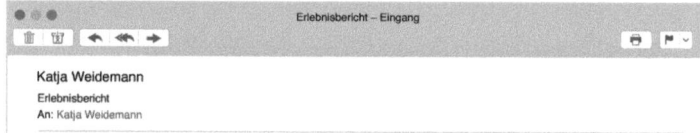

Katja Weidemann
Erlebnisbericht
An: Katja Weidemann

Unsere Tochter M., 7 Jahre, litt am Anfang des Schuljahres auf einmal unter Schlaflosigkeit. Sie schlief nur noch im elterlichen Bett, am liebsten eng an mich gekuschelt. Dazu entwickelte M. Trennungsängste von mir und verfolgte mich auf Schritt und Tritt – sie hing buchstäblich an meinem Rockzipfel. Da M. die OGS unserer Schule besuchte und dort auch Hausaufgaben machte, fiel mir erst nach zwei Wochen auf, dass sie Probleme beim Rechnen hatte. Sie konnte weder Additionen noch Subtraktionen im 100er-Raum durchführen, auch fehlte ihr jegliches Mengenverständnis. Im Kindergarten und ersten Schuljahr hatte M. noch keine Probleme im Zahlenraum bis 20 und 100 oder mit dem Mengenverständnis gehabt.

Beim Elterngespräch äußerte die Klassenlehrerin meiner Tochter den Verdacht, dass M. ADS habe und eine Rechenschwäche vorläge. Mir wurde dringend empfohlen, dies so schnell wie möglich abklären zu lassen.

Ich komme selber aus dem schulmedizinischen Bereich und habe folgerichtig zunächst die Kinder- und Jugendpsychiatrie aufgesucht. Dort wurde ein IQ-Test sowie Aufmerksamkeitstests durchgeführt. Die Testverfahren erschienen mir jedoch nicht zielführend, da insbesondere die Schlaflosigkeit nicht berücksichtigt wurde.

Im Gespräch mit Freunden wurde uns die Zwergentherapie bei Katja empfohlen.
Katja hat sich sehr viel Zeit genommen, das Kind beobachtet und eine ausführliche Anamnese durchgeführt. M. war sehr aufgeregt vor unserem ersten Termin und verfiel in ein babyhaftes Verhalten. Sie guckte sich alle Zwerge an und suchte sich ihren Lieblingszwerg, die Cilia im Türmchen, aus.

Es folgte die Testung mittels PSE – interessanterweise zeigte sich, dass der von M. gewählte Zwerg, Cilia, auch ihrem inneren Zwerg entsprach. Ein Ereignis, das sich etwa im dritten Lebensjahr von M. ereignet hatte, löste Panik aus und führte dazu, dass M. sich nicht mehr konzentrieren konnte. Als Auslöser konnten wir eine anaphylaktische Reaktion auf Nahrungsmittel bei mir eruieren – meine Tochter hatte damals sehr große Angst, dass Mama stirbt. Auslöser der akuten Reaktion war eine infektallergische Reaktion auf einen Magen-Darm-Infekt bei mir. M. geriet erneut in Panik, dass die Mama sterben könnte, und wich folglich nicht mehr von meiner Seite. In der Schule lebte sie in Angst, ob die Mama noch da sei, wenn sie nach Hause käme.

Katja leitete eine Zwergentherapie ein: Der Zwerg Cilia, der in M. wohnte, hatte Hunger und dieser Hunger nach Zwergenfutter verhinderte, dass Cilia aus ihrem Türmchen ausziehen konnte. Meine Tochter musste Cilia morgens, mittags und abends mit Kügelchen füttern. Außerdem mochte Cilia kein Weizen, keine Milch und kein Ei. Die Therapie, ursprünglich auf 3 Monate angesetzt, konnte M. zeitlich verfolgen, indem sie jeden Behandlungstag von Ihrer Zwergen-Monatsleiste abschnitt. Das Bild von Cilia und die Monatsleisten wurden in unserer Küche gut sichtbar aufgehängt. M. hat die Nahrungsumstellung für Cilia gerne umgesetzt und nahm akribisch die Extranahrung für ihr Zwerglein ein. Bemerkenswert war, dass sie dies auch in der Schule durchführte, was ich zunächst für schwierig gehalten hatte.

Etwa eine Woche nach Start der Therapie schlief meine Tochter bereits wieder in ihrem eigenen Bett ohne nachts aufzuwachen. Nach vier Wochen hatte sich die Aufmerksamkeit in der Schule verbessert, sie rechnete jedoch noch nicht. Das Defizit im Rechnen war so groß, dass die Klassenlehrerin in Erwägung zog, dass M. die 2. Klasse ggf. wiederholen sollte.

In der Kontrolluntersuchung nach sechs Wochen hatten sich ihre Werte so gut verbessert, dass M. fast mit der Therapie fertig war. Katja schätzte, dass sie sie noch bis Weihnachten therapieren müsste und wir einigten uns auf den 31.12. als Schlusstag der Therapie. Am vorletzten Schultag vor Weihnachten – es war als hätte jemand einen Schalter umgelegt – nahm M. sich selbstständig ihr Matheheft und begann wieder zu rechnen. Cilia war offensichtlich ausgezogen.
Seitdem hat sie ihr Defizit in Mathematik aufgearbeitet, ist wieder mit Begeisterung in der Schule dabei und kommt – wie jedes Kind – ab und zu zum Schmusen in unser Bett.

Die Ergebnisse der kinderpsychologischen Begutachtung habe ich auch zwischenzeitlich erhalten: Es lagen kein ADS und definitiv keine Rechenschwäche vor. M. wurde als normales Kind eingestuft. Eine Erklärung für die Problematik konnte nicht eruiert werden.

Wir sind Katja unglaublich dankbar für die liebevolle Behandlung unserer Tochter und ihre kindgerechte und damit so effektive und motivierende Zwergentherapie – ohne Katjas therapeutischen Ansatz wäre M. heute als Kind mit Rechenschwäche eingestuft.

Eine Mutter aus Aachen

Katja Weidemann
Erlebnisbericht
An: Katja Weidemann

Ich habe nur gute Erfahrungen mit Katjas Behandlungsmethoden gemacht. Ich bin mit meiner Tochter L., da war sie 2,5 Jahre alt, zu Katja gekommen. Ich bin von Beruf Fachkrankenschwester für Intensivmedizin und nicht einfach zu überzeugen.

Meine Tochter ist ein Wunschkind. Nach Hormonbehandlung und künstlicher Befruchtung und nach einer schrecklichen Geburt mit anschließendem 3-wöchigen Krankenhausaufenthalt konnten wir mit unserem Baby nach Hause gehen. Und so oft kommt es anders, als man denkt: L. litt an Koliken, Allergien, Schreiattacken mit Erbrechen, Schlafproblemen (sowohl Einschlaf- wie auch Durchschlafproblemen). Mit acht Monaten fingen die bronchialen Infekte an, jeden Monat 2-3 Wochen krank. Wenn sie gesund war, wurde ich krank und ich wollte doch so gern wieder arbeiten gehen. Dann kamen in der Nacht noch Angstzustände dazu, aber auch vor Erwachsenen und anderen Kindern.

Die Schulmedizin half nur vorübergehend bei den Infekten. Sie bekam Cortison-Pümpchen vom Lungenfacharzt. Aber nach ein paar Wochen wurde es wieder wie vorher. Unser Kinderarzt meinte: „Sie ist halt so, es wächst sich raus und wird irgendwann besser. Andere Eltern schlafen auch nicht und haben kranke Kinder. Sie ist körperlich gesund."

Nur mein Gefühl sagte etwas anderes, irgendetwas stimmte nicht. Als Mutter merkt man das. Ich fühlte mich nicht verstanden. Irgendwann suchte ich nach anderen Methoden und traf auf Katja Weidemann und ihre Behandlung, mit der sie Kindern hilft. Sie hat meine Tochter, meinen Mann und mich behandelt, sie hat uns als Eltern miteinbezogen, die körperlichen, seelischen und familiären Aspekte berücksichtigt.

Die Behandlung hat L. geholfen. Sie hat keine Angst mehr, schläft gut ein, weint nicht in der Nacht, schläft in ihrem Bett durch. Ihr gesundheitlicher Zustand hat sich verbessert, sie braucht keine Pümpchen mehr, die bronchialen Infekte beschränken sich auf 2-3 Mal im Jahr. Sie hat Freunde im Kindergarten, läuft nicht mehr hysterisch vor Kindern weg. Sie ist ein fröhliches, gesundes, lebhaftes und mutiges Mädchen.

Wir als Eltern sind glücklich, dass Katja uns behandelt hat und würden allen Eltern diese Behandlung empfehlen.

Eine Mutter aus Aachen

Glossar

ADHS

Die Aufmerksamkeitsdefizit-/Hyperaktivitätsstörung (ADHS) gehört zur Gruppe der Verhaltens- und emotionalen Störungen mit Beginn in der Kindheit und Jugend (nach ICD- 10: F90–F98). Sie äußert sich durch Probleme mit Aufmerksamkeit, Impulsivität und Selbstregulation sowie manchmal zusätzlich durch starke körperliche Unruhe (Hyperaktivität).

Diesen Symptomen liegt nach heutigem Stand eine neurobiologische Entwicklungsverzögerung der exekutiven Funktionenzugrunde. ADHS kann dabei auch als ein Extremverhalten aufgefasst werden, das einen fließenden Übergang zur Normalität zeigt. Es handelt sich darum nur um eine quantitative, aber keine qualitative Abweichung. Daher müssen die Auffälligkeiten für das Alter übermäßig stark ausgeprägt und seit der Kindheit vorhanden sein.

Symptome alleine haben jedoch keinen Krankheitswert: Eine Diagnose ist erst gerechtfertigt, wenn sie zusätzlich mehrere Lebensbereiche deutlich beeinträchtigen oder zu erkennbarem Leiden führen.

[de.wikipedia.org/wiki/Aufmerksamkeitsdefizit; 10.05.2017]

Allergene

Ein Allergen ist eine Substanz, die über Vermittlung des Immunsystems Überempfindlichkeitsreaktionen (allergische Reaktionen) auslösen kann. Ein Allergen ist ein Antigen. Allergene haben keine chemischen

Gemeinsamkeiten. Deswegen ist es nicht möglich, eine Chemikalie zu entwickeln, die Allergene zerstört. Die meisten Allergene sind Eiweiße oder Eiweißverbindungen. Das Immunsystem allergischer Patienten reagiert mit der Bildung von IgE-Antikörpern auf den Kontakt mit Allergenen. „Pseudoallergene" sind demgegenüber Stoffe, bei denen das Immunsystem nicht beteiligt ist, wohl aber Mediatoren, wie z.b. die Histamine.

Allergene können nach verschiedenen Gesichtspunkten eingeteilt werden:

» nach der Art des Kontakts mit den Allergenen (z.b. Inhalationsallergene, Nahrungsmittelallergene)
» nach der Allergenquelle
» (z.b.Tierhaarallergene, Pollenallergene, Schimmelpilzallergene)
» nach dem Pathomechanismus, durch den die allergische Reaktion ausgelöst wird (z.b. IgE-reaktive Allergene)
» nach der Frequenz ihrer Erkennung durch IgE-Antikörper (Haupt- und Nebenallergene)
» nach ihrer Aminosäure-Sequenz in bestimmte Allergengruppen (z. B. Gruppe-5- Graspollenallergene) oder in bestimmte Proteinfamilien (z. B. Lipocaline, Profiline). Anhand dieser Einteilung sind mögliche Kreuzallergien ablesbar.

Allergische Reaktion
Als Allergie (altgriechisch ἡ ἀλλεργία, die Fremdreaktion, aus ἄλλος állos, anders, fremd, eigenartig und

τὸ ἔργον to érgon, das Werk, die Arbeit, die Reaktion) wird eine überschießende krankhafte Abwehrreaktion des Immunsystems auf bestimmte normalerweise harmlose Umweltstoffe (Allergene) bezeichnet. Die allergische Reaktion richtet sich gegen von außen kommende Stoffe. Autoimmunreaktionen, also krankhafte Reaktionen des Immunsystems gegen Bestandteile des eigenen Körpers, werden nur dann zu den Allergien gezählt, wenn sie durch von außen in den Körper gelangende Stoffe und Partikel ausgelöst werden.

[de.wikipedia.org/wiki/Allergie; 10.05.2017]

Aminosäuren

Ausgewählte α-Aminosäuren sind die natürlichen Bausteine von Proteinen. Sie werden miteinander zu Ketten verknüpft, indem die Carboxygruppe der einen Aminosäure mit der Aminogruppe der nächsten eine Peptidbindung eingeht. Die auf diese Weise zu einem-Polymer verketteten Aminosäuren unterscheiden sich in ihren und bestimmen zusammen die Form, mit der das Polypeptid im wässrigen Milieu dann zum nativen Protein auffaltet. Diese Biosynthese von Proteinen findet in allen Zellen an den Ribosomen statt nach Vorgabe genetischer Information, die in Form von mRNAvorliegt. Die hiermit als Bausteine für die Bildung von Proteinen Aminosäuren werden auch als proteinogene Aminosäuren bezeichnet,beim Menschen sind es 21 verschiedene. Nach der können die Seitenketten einiger im Protein eingebauter Aminosäuren noch modifiziert werden.

[de.wikipedia.org/wiki/Aminosäuren; 10.05.2017]

Angst:
Der Begriff hat sich seit dem 8. Jahrhundert von indogermanisch anghu „beengend" über althochdeutsch angust entwickelt.

Angst ist ein Grundgefühl, welches sich in als bedrohlich empfundenen Situationen als Besorgnis und unlostbetonte Erregung äußert. Auslöser können dabei erwartete Bedrohungen etwa der körperlichen Unversehrheit, der Selbstachtung oder des Selbstbildes sein.

Erscheinungsformen:
Unsicherheiten, Beklommenheit, Scheu, Zaghaftigkeit, Verletzungsfurcht, Versagensfurcht, Verlustangst, Schockstarre, Lebensangst uvam.

[de.wikipedia.org/wiki/Angst; 10.05.2017]

Bakterien
Bakterien bilden die einfachste Lebensform auf unserem Planeten. Zwischen ihnen und anderen Zellen erfolgt eine grundlegende Unterscheidung. Bakterien fehlt im Gegensatz zu Organismen wie Alge, Pilz, Pflanze, Tier und Mensch ein Zellkern.

Wissenschaftler bezeichnen sie als „Prokaryonten" – Zellen ohne Kern. Ihnen gegenüber stehen die „Eukaryonten", die alle anderen Zellen umfassen. Bakterien sind Einzeller. Zwar leben einige in Haufen zusammen, doch sind dies keine echten Verbände, die einen Austausch von Substanzen pflegen würden.

Meist hängen sie rein physisch aneinander, weil sich ihre Wände nach der Teilung nicht richtig abgeschnürt haben.

[www.planet- wissen.de/natur/mikroorganismen/ bakterien_urkeime_helfer_erreger/pwiewas sindbakterien100.html; 10.05.2017]

Darmflora

Als Darmflora (Syn. Intestinalflora, intestinale Mikrobiota, intestinales Mikrobiom) wird die Gesamtheit der Mikroorganismen bezeichnet, die den Darm von Menschen und Tieren besiedeln und für den Wirtsorganismus von entscheidender Bedeutung sind. Es besteht somit eine Wechselbeziehung zwischen Lebewesen zweier Arten. Die Darmflora gehört zum Mikrobiom eines Vielzellers. Die Bezeichnung „Flora" beruht auf der früher vertretenen Auffassung, Bakterien und viele andere Mikroorganismen gehörten zum Pflanzenreich. Da Bakterien heute eine eigene Domäne bilden, sollte richtigerweise von einer Darmmikroorganismengemeinschaft oder von einer Darmmikrobiota gesprochen werden. Diese Bezeichnungen setzen sich in der Medizin nur langsam durch.

[de.wikipedia.org/wiki/Darmflora; 10.05.2017]

Dendritistische Zellen

Dendritische Zellen (lat.dendriticus= „verzweigt") sind Zellen des Immunsystems, die sich je nach Typ entweder aus Monozytenoder aus Vorläufern der B-und T-Zellen entwickeln. Es handelt sich also um teilweise nur entfernt verwandte Zelltypen, die aufgrund ihrer Funktionen unter dem Namen, dendritische Zellen zusammengefasst werden.

Ihre Funktion ist die Antigenerkennund und Antigenpräsentation vorher als fremdartig erkannter und intrazellulär aufgenommener Strukturen wie z.b.Mikroorganismen und deren Bestandteile. Dendritische Zellen sind als einzige Zellen in der Lage, so eine primäre Immunantwort zu induzieren, indem sie naive T-Lymphozyten aktivieren. Alle anderen APCs (antigenpräsentierende Zellen) sind lediglich imstande, Antigene aufzunehmen, zu vervielfältigen und zu präsentieren.

[de.wikipedia.org/wiki/Dendritische_Zelle

Dysbiose

Eine Dysbiose beschreibt das Ungleichgewicht von verschiedenen Bakterien in einem bestimmten Körpermilieu. Auch wenn die Begriffe Dysbiose oder Dysbakterie theoretisch für alle bakterienbesiedelten Körpermilieus verwendet werden können, also z.b. für den Mund, die Haut oder die Scheide, beziehen sie sich in den meisten Fällen auf den Darm.

[reizdarm.one/erkrankungen/dysbiose; 10.05.2017]

Gluten

Gluten [gluten] (aus lat. glūten „Leim") oder Klebereiweiß ist ein Sammelbegriff für ein Stoffgemisch aus Proteinen, das im Samen einiger Arten von Getreide vorkommt.

Die Bezeichnung Kleber wird oftmals synonym zu Gluten verwendet, ist jedoch als Gemisch aus Proteinen, Lipiden und Kohlenhydratendefiniert, das nach Auswaschen der löslichen Bestandteile und Stärke aus einem Teig zurückbleibt. Wenn Wasser zu Getreidemehl gegeben wird, dann bildet das Gluten beim Anteigen aus dem Mehl eine gummiartige und elastische Masse, nämlich den Teig. Der darin enthaltene Kleber entsteht beim Anteigen durch die irreversible Ausbildung einer dreidimensionalen Struktur der Proteine. Der Kleber hat für die Backeigenschaften eines Mehls eine zentrale Bedeutung.

[de.wikipedia.org/wiki/Gluten; 10.05.2017]

Immunsystem
Als Immunsystem (lateinisch immunis, deutsch „unberührt, frei, rein") wird das biologische Abwehrsystem höherer Lebewesen bezeichnet, das Gewebeschädigungen durch Krankheitserreger verhindert. Es entfernt in den Körper eingedrungene Mikroorganismen, fremde Substanzen und ist außerdem in der Lage, fehlerhaft gewordene körpereigene Zellen zu zerstören. Das Immunsystem ist ein komplexes Netzwerk aus verschiedenen Organen, Zelltypen und Molekülen und der zentrale Forschungsgegenstand der Immunologie.
Das Immunsystem hat eine große Bedeutung für die körperliche Unversehrtheit von Lebewesen, denn praktisch alle Organismen sind ständig den Einflüssen der belebten Umwelt ausgesetzt.

[de.wikipedia.org/wiki/Immunsystem; 10.05.2017]

Konflikt

Von einem Konflikt (von lateinisch configere, „zusammentreffen, kämpfen"; PPP: conflictum) spricht man, wenn Interessen, Zielsetzungen oder Wertvorstellungen von Personen, gesellschaftlichen Gruppen, Organisationen oder Staaten miteinander unvereinbar sind oder unvereinbar erscheinen (Intergruppenkonflikt). Dabei lässt sich zwischen der Konfliktstruktur, den Konflikt begleitenden Gefühlen (z. B. Wut) und dem konkreten Konfliktverhalten (z. B. Tätliche Aggression) unterscheiden.

[de.wikipedia.org/wiki/Konflikt; 10.05.2017]

Kuhmilcheiweiß

Kuhmilcheiweiß ist eine Mischung aus verschiedenen Proteinfraktionen. Dazu gehören u. a.:

» Kasein
» β-Laktoglobulin
» α-Laktoglobulin
» Rinder-Serum-Albumine
» Laktoferrin
» Immunglobuline

Jede einzelne Fraktion kann potentiell allergen wirken, wobei die meisten Allergien durch Kasein, β- und α-Laktoglobulin und seltener durch die anderen Eiweißstrukturen ausgelöst werden. Kuhmilch ist mit der Milch anderer Tierarten eng verwandt und aufgrund ähnlicher Eiweißstrukturen reagieren die meisten Betroffenen mit einer Kuhmilchallergie auch

113

auf Ziegen-, Schaf- und Stutenmilch. Diese sind daher nicht für die Ernährung von Kindern mit einer Kuhmilchallergie geeignet.

[de.wikipedia.org/wiki/Kuhmilchallergie; 10.05.2017]

Leaky Gut Syndrom

„Leaky Gut" ist ein Begriff aus dem Englischen und bedeutet übersetzt so viel wie „durchlässiger Darm". Nährstoffe, Toxine, Stoffwechselprodukte und Bakterien gelangen über die geschädigte Darmschleimhaut direkt in den Organismus und können hier Beschwerden verschiedenster Art hervorrufen.

[leakygutsyndrom.de/Lymphsystem; 10.05.2017]

Lymphatisches System

(lat.-anat. Systema lymphaticum Systema lymphoideum, Systema lymphaceum Systema lymphare der Lymphsystem; Lymphe „Körperwasser", zu lat. lympha „klares Wasser"[5]) ist ein Teil des Abwehrsystems (Immunsystems) der Wirbeltiere gegen Krankheitserreger, Fremdpartikel und krankhaft veränderte Körperbestandteile (z.B. Tumorzellen). Es gliedert sich in die lymphatischen Organe und das Lymphgefäßsystem. Das Lymphgefäßsystem hat neben der Funktion im Abwehrsystem auch eine Bedeutung beim Flüssigkeitstransport und steht in enger Beziehung zum Blutkreislauf.

[de.wikipedia.org/wiki/Lymphatisches_System; 10.05.2017]

Methylphenidat

Methylphenidat (kurz: MPH; Handelsname u.a. Ritalin) ist ein Arzneistoff mit stimulierender Wirkung aus der Gruppe der Phenylethylamine. Er wird zur Behandlung der Aufmerksamkeitsdefizit-/Hyperaktivitätsstörung (ADHS) undoff-label auch bei Narkolepsie eingesetzt.

Die Substanz zählt zu den Weckaminen (Amine mit „aufweckender" Wirkung). MPH ähnelt zwar strukturell den Amphetaminen, wird jedoch als Piperidin-Derivat eingestuft. Es hat eine ähnliche Wirkung wie Pemolinund ist chemisch eng verwandt mit Desoxypipradrol. In Deutschland ist Methylphenidat als verkehrs- und verschreibungsfähiges Betäubungsmitte leingestuft.

[de.wikipedia.org/wiki/Methylphenidat; 10.05.2017]

Mikrobiom

Das Mikrobiom bezeichnet im weiteren Sinne die Gesamtheit aller den Menschen oder andere Lebewesen (z.B. Regenwürmer, Reptilien, Rinder) besiedelnden Mikroorganismen.

Im engeren Sinn wird hierdurch die Gesamtheit aller mikrobiellen Gene bzw. Genome-(DNA) im menschlichen Organismus bezeichnet und vom Begriff der Mikrobiota unterschieden, die die Gesamtheit aller Mikroorganismen bezeichnen.

[de.wikipedia.org/wiki/Mikrobiom; 10.05.2017]

Neurotransmitter

Neurotransmitter (von altgriechisch neuron, deutsch „Sehne", „Nerv" und lateinisch transmittere, deutsch „hinüber schicken", „übertragen") sind Botenstoffe, die an chemischen Synapsen die Erregung von einer Nervenzell auf andere Zellen übertragen (synaptische Transmission).

[de.wikipedia.org/wiki/Neurotransmitter; 10.05.2017]

Psychische Konflikte

Ein innerseelischer Konflikt der meist in der frühen Kindheit entstanden ist. Weil der Konflikt nicht aufgelöst werden kann, taucht er in das Unterbewusstsein ab und kann später das Verhältnis zu sich selber oder zu anderen torpedieren. Daraus entstehen Probleme, die die Betroffenen immer wieder an der Umwelt scheitern lassen, oder die sich in körperlichen Symptomen wie z.B. unerklärlichen Schmerzen manifestieren.

[www.zeit.de/2012/28/Therapieformen/seite-3; 10.05.2017]

Submucosa

Unter dem Begriff Tela submucosa versteht man in der Histologie die Gewebsschicht zwischen der Schleimhaut (Tunica mucosa) und der Muskelschicht (Tunica muscularis). Die Tela submucosa besteht aus lockerem Bindegewebe, vielen Blutgefäßen und einem vegetativen Nervengeflecht (Plexus submucosus). Außerdem finden sich in der Tela submucosa Lymphgefäße und stellenweise Drüsen.

Die Tela submucosa kommt unter anderem in folgenden Hohlorganen des Körpers vor:

» Magen-Darm-Trakt
» Luftröhre und Hauptbronchien
»

[de.wikipedia.org/wiki/Tela_submucosa; 10.05.2017]

Tight Junctions

Tight Junctions (engl.für „dichte Verbindung", lat. Zonula occludens,in deutscher Literatur auch „Schlussleiste") sind schmale Bänder aus Membranproteinen, die Epithelzellen von Wirbeltierenvollständig umgürten und mit den Bändern der Nachbarzellen in enger Verbindung stehen.

Auf diese Weise verschließen die Tight Junctions den Zellzwischenraum und bilden eine parazelluläre Barriere, genannt Diffusionsbarriere, die den Fluss von Molekülen über das Epithel kontrolliert.

Außerdem haben sie die Aufgabe, die Polarität der Epithelzellen aufrechtzuerhalten: Sie verhindern, dass Membrankomponenten aus dem apikalen Bereich nach lateral diffundieren und umgekehrt.

[de.wikipedia.org/wiki/Tight_Junction; 10.05.2017]

Toxine

Ein Toxin (griechisch τοη, altgriechisch ausgesprochen toxíne, „die giftige [Substanz]") ist ein Gift, das von einem Lebewesensynthetisiert wird.

[de.wikipedia.org/wiki/Toxin; 10.05.2017]

Trauma
Eine seelische Verletzung. In der Medizin wird mit dem Begriff Trauma eine Verwundung bezeichnet. In der Psychologie eine starke psychiche Erschütterung, welche durch ein traumatisches Erlebnis hervorgerufen wurde.

[de.wikipaedia.org/wiki/Trauma; 10.05.2017]

Traumatische Situationen
Ereignisse welche zu Traumatisierungen führen bzw. neu als potenziell traumatische Ereignisse bezeichnet werden (Naturkatastrophen, Krieg, Kampfeinsatz, Vergewaltigung, Unfall mit ernsten Verletzungen, medizinische Eingriffe, sexueller Angriff, Beobachtung des Todes anderer, Tod der Eltern in der Kindheit, Verlust einer geliebten Person, lebensbedrohliche Situationen uvam.

[de.wikipaedia.org/wiki/Trauma; 10.05.2017]

Unterbewusstsein:
Das Unterbewusstsein bezeichnet die Bereiche der Psyche, die unserem Bewusstsein nicht direkt zugänglich sind. Es gibt viele unterschiedliche Vorstellungen und Beschreibungen des Unbewussten.

[www.palverlag.de/lebenshilfe-abc/unterbewusstsein.html; 10.05.2017]

Unverträglichkeiten

Als Nahrungsmittelunverträglichkeit oder Nahrungsmittelunverträglichkeitsreaktion (engl.: adverse food reaction) werden nach Definition der European Academy of Allergy and Clinical Immunology (EAACI) im Jahre 1994 folgende Reaktionen nach Nahrungsaufnahme bezeichnet:

» toxische Reaktionen:Lebensmittelvergiftungen
» nicht-toxische Reaktionen
» nicht-immunologische Reaktionen
» enzymatische Intoleranzen
» pharmakologische Intoleranzen
» Intoleranzen auf Nahrungsmittelzusatzstoffe
» immunologische Reaktionen
» IgE-vermittelt: Nahrungsmittelallergie
» IgE-unabhängig (IgA oder IgG-vermittelt): Zöliakie

Im engeren Sinn erfasst der Begriff und insbesondere die synonym gebrauchte Bezeichnung Nahrungsmittelintoleranz nur Unverträglichkeitsreaktionen ohne toxischen und / oder allergischen Hintergrund.

[de.wikipedia.org/wiki/Nahrungsmittelunverträglichkeit; 10.05.2017]

Vegetatives Nervensystem:

Steuert automatisch ablaufende innerkörperliche Anpassungs und Regulationsprozesse.

[www.heilpraktikerberlin.com/menues/glossar;10.05.2017]

Zwerge

Zwerge (Mythologie) ist eine Sammelbezeichnung für menschengestaltige, kleinwüchsige Fabelwesen des Volksglaubens, die meist unterirdisch in Höhlen oder im Gebirge leben. Ihren Ursprung haben sie in der nordischen Mythologie. Häufig wird den Zwergen übermenschliche Kraft und Macht nachgesagt. Sie gelten als schlau und zauberkundig, bisweilen listig, geizig und tückisch, meist aber als hilfreich, und werden vor allem in späterer Zeit, in Märchen und Sage, als bärtige Männchen mit Zipfelmütze dargestellt.

[de.wikipedia.org/wiki/Zwerg_(Mythologie); 10.05.2017]

Danksagungen

Mein Dank gilt:

» Frau Dr. Guedel (PSEnergy)

» Frau Dr. Hoffmann und Frau Mag. Frauwallner
  (Firma Allergosan)

» und Dr. Schütz (Labor Biovis) für die logistische
  Unterstützung.

» Ferner Dr. Claessens und Prof. Dr. Kuehl für die
  fachliche Beratung und Unterstützung

» Katrin Barenschee für die wunderschönen gemalten
  Kinderbilder

» Gabriele Vaassen für Ihre helfenden Hände

» Frau Roßkamp und Lina für das Interview über die
  Kinderstudie auf www.die-kinderheilpraktikerin.de

» Frank Küster (Firma prographics) für die mentale
  und technische Unterstützung, Umsetzung und sein
  professionelles Marketing

Auch danke ich den Eltern und meinen kleinen Patienten
für Ihr Vertrauen in meine Arbeit sowie allen weiteren
Unterstützern und Unterstützerinnen, ohne die dieses
Buch nicht zustande gekommen wäre.

Katja Weidemann
die Kinderheilpraktikerin

Über die Autorin

Seit 1985 ist Katja Weidemann im Gesundheitsbereich tätig. Sie begann als Kinderkrankenschwester in Aachen, wurde Kinder-Intensivkrankenschwester und baute in Heidelberg die neue kardiologische Kinderintensivstation in der Leitungsfunktion mit auf.

Anschließend wechselte sie in den Rehabilitationsbereich nach Norderney, wo sie ein Haus für Kinder, die an Asthma oder Neurodermitis erkrankt waren, leitete.

Die Erwachsenenintensivstation holte sie wieder nach Aachen zurück, wo sie über weitere acht Jahre zusätzliche Erfahrungen sammeln durfte.

In dieser Zeit legte sie die Prüfung als Heilpraktikerin ab.

Seit 2005 ist sie nun in ihrer eigenen Praxis in Aachen tätig und hat sich im Laufe der Zeit auf die Arbeit mit Kindern spezialisiert.

Schließlich hat sie ihr eigenes Kinderkonzept „Wunden heilen, die von außen niemand sieht" entwickelt.